だいわ文庫

ニュースがわかる！
世界が見える！
おもしろすぎる地理

宮路秀作

大和書房

はじめに

歴史学には「解釈」があり、地理学には「事実」がある。

これは、私が常日頃から抱いている想いです。もちろん、「徳川家康が江戸に幕府を開いた」などの事実はありましょうが、例えば、「明治維新の歴史的意義とは何だったのか⁉」といった問いに対する答えは、十人十色、色々な解釈が存在するでしょう。ましてや世界規模で発生した戦争においては、参戦した各国に「大義名分」があるわけで、だからこそ様々な解釈が存在します。特に思想の右左があったりすると、解釈は真っ向から割れるわけですから。

過去の時代には、テレビやインターネットといった遠く離れた場所の情報を収集する手段が存在しませんので、誰が何をしていたのかなんて知るよしもありません。時の為政者のお側にいる人たちが残した記録を元に、後世の人間である我々が、「多分、こうだったんだろうな」と解釈しているわけです。高等学校までに行われる歴史教育とは、史料などを元にして「これで間違いないだろう」と定まった解釈を学んでいるわけです。

円柱を正面から見れば長方形に見えますし、上から見れば円に見えます。同じ物を見ていても、見え方が違うわけです。それが歴史というものであり、絶対的な解釈はないわけです。だからこそ、歴史学は色々な解釈を元にエンタメ化されてしまいます。「こんな面白い解釈をしている人がいるよ！」といったところに耳目が集まりやすいわけです。歴史学の専門家にいわせれば、「さすがにそれはないだろう」といったものがあるのではないでしょうか。

しかし、地理学には「事実」があります。「なぜそこには古くから村落が存在するのか？」と問われれば、「水利に恵まれる豊水地だから」といった自然的要因があり、「なぜそこに大都市が形成されているのか？」と問われれば、「交通の便が良く、就業機会が多くて可容人口が大きい」といった社会的要因があります。これは解釈ではなく事実です。

空間認識を高めるためには、まず地形や気候といった自然現象を理解する必要があり、そして、その上で人間がどういう生活を営んでいるのかを探っていきます。そこには農業や鉱工業、人口、都市と村落などの人文分野が関わってきます。こうして自然分野と人文分野を行ったり来たりして対象地域を多角的に考察していく、これこそが地理学なわけです。だからこそ地理学とは、さまざまな学問の知見を借りて成り立っているともいえます。

もちろん研究対象地域には、都道府県単位といった小さな空間スケールがあれば、アジアやヨーロッパといった大きな空間スケールもあります。どちらの空間スケールが正しいのかといったことではなく、スケールが異なれば見え方が異なるわけですから、**スケールごとに答えがある**わけです。

地理学は、現代世界を学ぶために最適な学問といえます。そしてその時代の地理の積み重ねによって歴史が創られるといえるでしょう。だからこそ、**「地理と歴史は自動車の両輪のようなもの」**であるわけで、どちらが欠けても認識は深まらないのです。

2022年2月、ロシアによるウクライナ侵略が始まりました。当初は、「ウクライナがNATOに加盟することにロシアが嫌悪感を示した」などといった安易な論調を見聞きしました。しかし、ウクライナとロシアの関係性はそれだけでしょうか？両国とも、世界的な小麦の生産国、そして輸出国であり、エジプトが最大輸出相手先です。両国を出発した穀物船は黒海からボスポラス海峡とダーダネルス海峡を経て地中海へと出ていき、そしてエジプトへ到着します。「なぜ最大輸出相手先がエジプトなの？」と問われれば、人口1億人を数える市場規模の大きい国だからといえます。また両海峡の主権はトルコが有しているわけですから、「今後のトルコの立ち位置は？」といった疑問が頭をもたげます。さらに、ウクライナとロシアは、ともに東方正教会を信仰する国民が多い国ですが、「宗教上の対立はなかったのか？」といったことも考える必要がありそうです。

目の前で起きている出来事の要因をたった一つに落とし込むことなどできません。だからこそ、多面的に考察することに意味があるわけで、それはまさしく地理学で行う空間認識の考察そのものです。

大人になればなるほど、つまり知識が増えるほどに、「あっ、なるほど！　これとこれが繋がってくるんだね！」と、頭の中に「景観」ができあがっていきます。歴史学は自分の解釈でいかようにも面白くすることができますが、地理学は絶対的な事実を追っかけていくことで成り立っていますから、知識が増えることで面白くなっていくのです。

本書では、「国際情勢」「製造業」「農業」「エネルギー・環境問題」の4つをテーマに、「今、世界で何が起きているのか⁉」を解説しました。山や川の名前、各地域の物産を覚えるだけが地理学ではありません。本書を通じて、「地理学ってこういう学問なんだね！」と、読者のみなさまの蒙を啓くきっかけとなることを期待しています。

ニュースがわかる！世界が見える！

おもしろすぎる地理

OMOSHIRO SUGIRU CHIRI

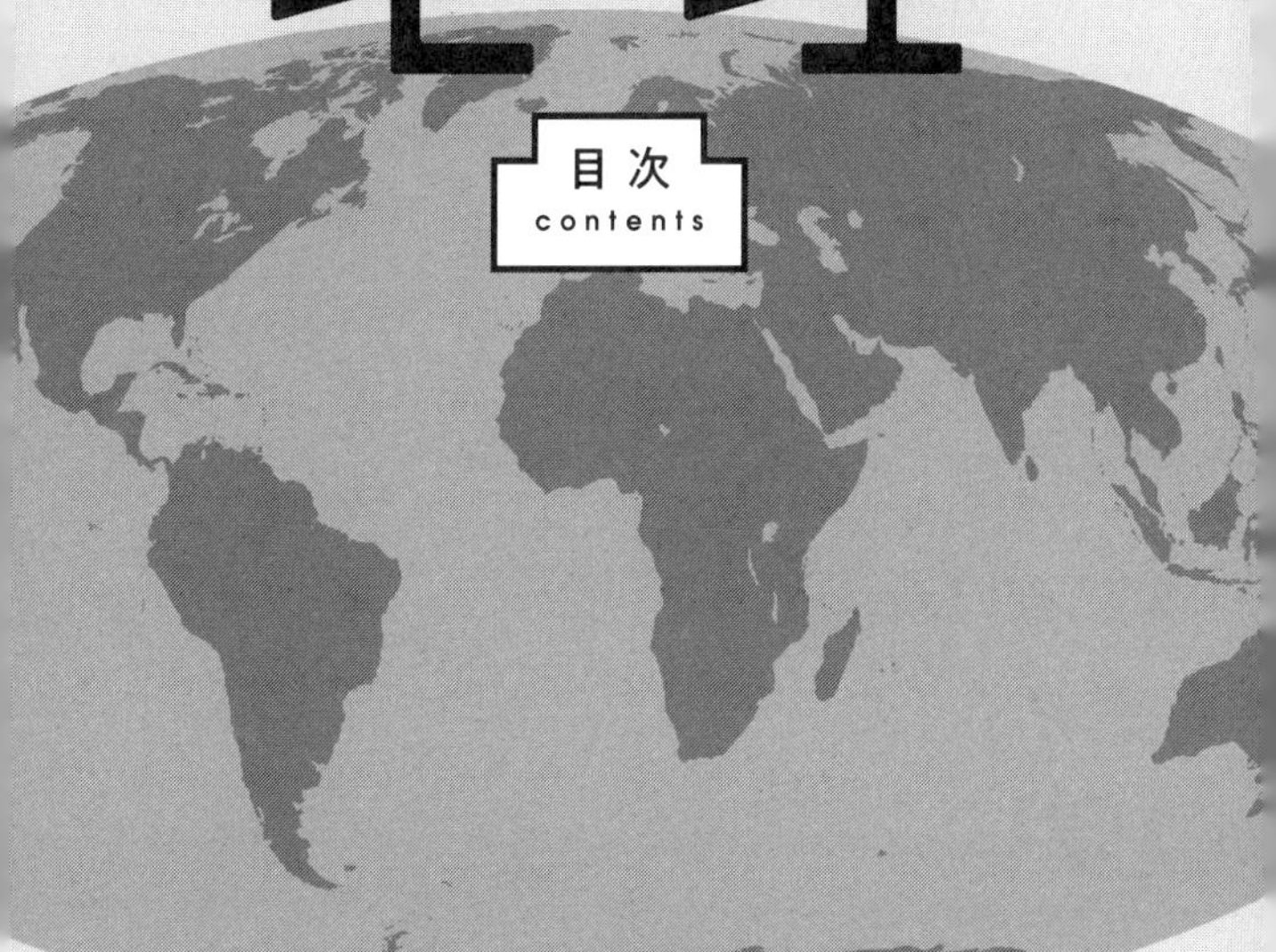

目次

contents

第1章 地理で「国際情勢」を読み解く

第2章 地理で「世界の製造業」を読み解く

第3章

地理で「世界の農業」を読み解く

第4章 地理で「エネルギー・環境問題」を読み解く

第1章

地理で「国際情勢」を読み解く

ロシアのウクライナ侵略を読み解く

2022年2月24日午前5時ころ（ウクライナ時間、日本時間午後0時頃）、ロシア軍によるウクライナ東部への砲撃が開始されました。その後ウクライナの各地域で軍事施設や空港が空爆されるなど、全面戦争の様相を呈していきました。

まずは当時のロシアのウクライナ侵略を時系列で追いかけてみます。

〈2月24日〉
侵攻を開始したロシア軍は、チェルノブイリ原子力発電所を占拠するに至ります。

〈2月25日〉
ロシア軍はウクライナの首都キーウへの侵攻を開始しました。

〈2月26日〉

26日にはミサイル攻撃を開始しました。これに対してウクライナのゼレンスキー大統領は「私は首都にとどまる。家族もウクライナにいる」とのビデオメッセージを発信し、ウクライナの誇りを捨てずに戦うことを誓いました。その後、アメリカ合衆国はウクライナ軍の抵抗もあって、ロシア軍は当初の予定通りに侵攻できていないという分析を発表します。この辺がアメリカ合衆国の諜報能力の高さを伺わせます。

〈2月27日〉

ロシア軍の侵攻に対して、欧米諸国はロシアの銀行をＳＷＩＦＴ（国際決済システム）から排除することで合意します。対するロシアは、プーチン大統領が核抑止部隊の高度警戒態勢を命令します。つまり、「核ミサイルを使用する可能性があっぞ！」と核をちらつかせ始めたということです。

東日本大震災のときもそうでしたし、古くは１９２３年の関東大震災でもそうでしたが、有事のさいには必ずデマが流れます。２０１６年の熊本地震のさいは「おいふざけんな、地震のせいでうちの近くの動物園からライオンが放たれたんだが」とツイートした神奈川県の男性が偽計業務妨害の疑いで逮捕されています。

有事のさいに最も抑制しなければならないのは、やはりパニックによる二次被害です。それを知ってか知らずしてか、ゼレンスキー大統領は「Не вірте фейкам.（偽物を信じるな）」とツイートしています。

改めて、**有事のさいには「教養」の有無が物を言うこと、一次情報に当たることの重要性**を思い知らされます。それだけ、もはや10秒に一度、情報が更新されるような状態となっていくからです。

今さら、私が「なぜロシアはウクライナを攻めたのか!?」といったことを解説することに何ら価値がないことはいうまでもありません。しかし、「こういう状況が考えられる」といったことをあぶり出し、それをみなさまの考える手段の一つにして頂くことは大変意義があると思いますので、この項ではそういった趣旨にて筆を執りたいと思います。

■ロシアは元々、NATOの準加盟国

NATO（北大西洋条約機構）は1949年に設立された軍事同盟であり、加盟国がNATO非加盟国からの攻撃に対して相互防衛を行うことを合意したものです。これによって集団防衛システムを構築、つまり集団的自衛権を行使して加盟国が共同で対処することが目的です。本部はベルギーの首都ブリュッセルにあります。

原加盟国はアメリカ合衆国、イギリス、フランス、ベルギー、オランダ、デンマーク、ノルウェー、カナダ、ポルトガル、イタリア、ルクセンブルク、アイスランドの12カ国でした。顔ぶれを見ても分かるように、冷戦時代における、アメリカ合衆国を中心とした西側陣営の軍事同盟であることがわかります。その後1952年にギリシャ、トルコ、1955年は西ドイツ（当時）、1982年にスペインがそれぞれ加盟していきます。

1991年12月にソビエト連邦が崩壊すると、加盟国は冷戦期の東側陣営にも拡大していきます。年を追うと以下の通りです。

1999年　チェコ、ハンガリー、ポーランド
2004年　エストニア、ラトビア、リトアニア、スロバキア、スロベニア、ルーマニア、ブルガリア
2009年　アルバニア、クロアチア
2017年　モンテネグロ
2020年　北マケドニア

そして、加盟希望国として、ボスニア・ヘルツェゴビナ、ジョージア、ウクライナがいます。

「反共と封じ込め」という理念によって設立されたため、NATO初代事務総長の「Keep the Americans in, the Russians out, and the Germans down.」という言葉が象徴的です。一般に「アメリカを引き込み、ロシアを締めだし、ドイツを抑え込む」と訳されます。

スウェーデンやフィンランドは現在のロシアとの絶対距離が小さく、また歴史的に見ても帝政ロシアやソビエト連邦と関わり合いがあった国であるためロシアへの警戒

感が高く、非加盟国でありながら、NATOの軍事演習に参加するなどしています。
あまり知られていませんが、ロシアは2002年に設置されたNATOロシア理事会の存在から、準加盟国扱いとなっていました。しかし、2021年10月、NATOのロシア代表部8人がスパイであると認定され、NATO本部での業務から追放されました。そして11月1日にはモスクワのNATO代表部事務所が閉鎖されています。

テロ対策や大量破壊兵器の拡散防止で協力するために設立されたNATOロシア理事会でしたが、これをもって機能を失うこととなり、新たな「欧米憎し！」の感情をロシアがもったといいます。NATO側は、「瓜田に履を納れず（かでんにくつをいれず）」的な行動をとったロシアに問題があるとする一方で、ロシアは「いちゃもんだ！」と主張するでしょう。

■敵の敵は味方

ロシア軍のウクライナ侵略にさいして、当時、私は2つの仮説を立てました。とはいえ、この2つの仮説はほぼ同じ意味と考えます。

・プーチン重病説
・帝政ロシア復活を目指した説

〈プーチン重病説〉

プーチンは重病を患い、それにともなって目の黒いうちになんとか自分の野望を達成したかった。つまり功を焦ってウクライナ侵略をしたのではないか。ロシア兵として召集されている兵士たちの多くが若者であり、「軍事演習と聞いていた」という証言があったように、「とりあえず若い奴を集めろ！」と緊急召集して兵士たちの士気を上げることなく侵攻していたようです。

それもそのはずで、ロシア軍のウクライナ侵略には大義名分があるような無いような感じで、ロシア兵がかなり多く戦死しました。そして、ロシア政府はロシア国民に対して、FacebookとTwitterへのアクセスを遮断する措置を執っています。

ウクライナ兵は「国を護る！」という大義名分があるため、士気が高く、ロシア軍相手によく戦っています。これが、「ロシア軍は当初の予定通りに侵攻できていない」

というアメリカ合衆国の発表に繋がっていったのだと思います。

〈帝政ロシア復活を目指した説〉

プーチンは、元はＫＧＢ（ソ連国家保安委員会）の人間だったこともあり、１９８９年のマルタ会談から１９９１年のソビエト連邦崩壊までを政権側から見ていたはずです。きっとプーチンの中には「祖国が壊れていく……」という涙で満たされたタンクがいくつもあることでしょうから、「強いロシアの復活！」を描いていたと思います。そのためにも国内で豊富に産出する「エネルギー」を武器に、非常に強いイニシアチブをとってきました。

ベラルーシなどは、そもそもロシアの傀儡《かいらい》国家と言わんばかりの国であり、ルカシェンコ大統領に異を唱えるものは死が待っている（？）という独裁国家です。そして、プーチンは「ウクライナ人に主権はない」と嘯《うそぶ》き、ウクライナはロシアのものであるという戯れ言を本気で口にしています。

つまり、「元々はロシアのものだから、返してもらうぞ。今まで預けていただけだからな」という態度を示し、そしてそれに恭順するベラルーシを従えているといった様相です。現に、ウクライナ侵略はベラルーシ側からも進軍しています。

そもそも、よく言われている「ウクライナのNATO加盟をロシアが嫌った」という背景はあまり信憑性があるとも思えません。というのも、ウクライナのNATO加盟を嫌うのであれば、黒海で対峙しているトルコはそれに反対するでしょうし、ロシアはトルコの動向は予測していたはずです。つまり、己の野望のためにウクライナに傀儡政権を作りたかったという証左でしかありません。

政権末期の豊臣秀吉が朝鮮出兵をしたように、周りにイエスマンだけしかいなくなり、笑い話でしかなかった妄想を本気で実現しようとして暴走するという歴史的な出来事は幾度もありました。きっとプーチンの中では強いロシアの復活、ひょっとすると帝政ロシアの復活を考え、自ら初代皇帝に就くということを本気で考えていたのではないかと思ったりもするわけです。

ちなみに、カナダ・ケベック州モントリオールの日刊デジタル紙「LA PRESSE」が、「プーチンは体調不良によって混乱しているのではないか?」という記事(2/26付)を配信しています。

まとめると、

「長期間の絶対的権力者は、リスク回避ができず、自己中心的で自己愛が強く、自己認識が欠如する。他人をモノとして見るようになり、その感情的、認知的な結果として軽蔑が生まれる」

とありました。

私も最初は、「プーチン重病説」を考えていたのですが、ひょっとして西側の混乱の隙を突いたのではないかという考えにいたりました。しかし、次の2つのことで欧米諸国が一枚岩になれていないという事実に気づきます。

・ドイツの「やってもうた!」
・フランスの「激おこ!」

■ドイツの「やってもうた!」

ドイツは、環境意識の高い国として知られていて、これを背景に「脱原発」と「脱石炭(つまり脱炭素)」を掲げ、国内の原発閉鎖、石炭火力発電所の閉鎖を進めていました。変わって天然ガスへの依存度を高め、その輸入先としてロシアを重宝していました。ノルドストリーム2というロシアから直接ドイツへ結ばれた海底パイプラインの建設が終わり、これから「さぁ運用しますぜ！」というときにウクライナ侵略が始まりました。

つまり、ドイツは正義感に駆られて「脱原発」と「脱炭素」を掲げたのは良いものの、この2つは両立できないことに薄々気づいていたかもしれません。しかし引くに引けなくなり、挙げ句の果てには天然ガスの輸入先がロシアという、後ろ指を指される状況を自ら作ってしまったというわけです。まさしく「やってもうた！」です。

■フランスの「激おこ！」

一方のフランスは、原子力発電割合が高い国であり、新規の小型原子炉の建設を進めると表明しているほどで、原発推進による脱炭素を目指す国です。だからこそフランスはロシアに対して強気でいられるわけです。湾岸戦争のときも、フランスは強気でした。

もはやEUにイギリスはいません。EUの舵取りはドイツとフランスの方針が一致しないことで一枚岩とはなれていないわけです。

そのフランスは、オーストラリアへ通常動力型潜水艦の売買契約を結んでいました。

その額はおよそ7兆2400億円。しかしこの契約、オーストラリアが一方的に破棄しました。というのも、アメリカ合衆国が「俺たちが作り方を教えてやるから、ユー、そんなの破棄しちゃいなよ！」とそそのかしたためです。もちろん原潜の電源のために小型原子炉の輸出も視野に入れてのことです。ちなみにオーストラリアの原子力発電割合は0％です。

アメリカ合衆国はイギリス、オーストラリアとともに「AUKUS（オーカス）」という安全保障の枠組みを創設しました。これは対中包囲網の意味合いが強いようで、中国を太平洋に出てこられないように外堀を埋めるため、オーストラリアに原潜を持たせるというアメリカ合衆国の意図があるようです。

もちろん、これにはフランスは激おこです。

つまり、EUどころか、西側諸国が一枚岩になれていない、そんな状況を見抜いたプーチンがまさしく「間隙を縫った」ということなのだろうと思うように至りました。

しかし、結局ドイツは、「恥を忍んで」原発閉鎖、石炭火力発電の閉鎖を延期することの検討を始め、ゼレンスキー大統領の勇敢なリーダーシップによって、西側陣営が「対ロシア」でまとまりつつあります。一枚岩になりきれていないと思っていましたが、想像以上に事態が動いているように思えます。

まさしく、「敵の敵は味方」といった論理で対ロシア包囲網が進んでいます。

■二人の「ウラジーミル」

元々、ロシアとベラルーシ、そしてウクライナの3カ国は西暦882年頃から1240年まで存在したキーウ大公国を文化的祖先としています。いわゆる「ルーシ」と呼ばれた国です。そのキーウ大公国にキリスト教を根付かせたのがウラジーミル1世（955年頃～1015年）といわれています。そのため、ウラジーミル1世は「聖公」と称されています。

プーチン大統領とゼレンスキー大統領は、ともにロシア語で「ウラジーミル」の名を持つ指導者です。片や何を考えているか分からない堅物、そして片や元コメディアンとして笑いを表現してきた人物。同じ名前を持ちながら、表現方法の異なる二人が、相対する状況となっているわけです。

ゼレンスキーはコメディアンの頃、自分の性器でピアノを弾くという芸を披露したことがあります。そんな、政治とは一切無縁だった人物がウクライナの命運を握る、いまやそんな事態となっています。しかし、そんな肩書きに何の意味がありましょうか。国民の安全を守るためにはどんなこともいとわない、そんな気概が政治家にとって最も重要なのであって、そこに出自などは関係ありません。


わが国には江頭2：50というタレントがいます。人間が心を閉ざして自らの命を絶ってしまう、午前2時50分はそんな人が多い時間帯。「死にたい」と思ったときに、少しでも自分の生き様を見て思いとどまって欲しいという意味を込めて、彼は「江頭2：50」という芸名にしたといいます。彼はいつでも全力です。きっと、ゼレンスキー大統領も同じように一つの目的に向かって全力で執務に当たっていることでしょう。

誇りとは何か？

すごく考えさせられる出来事が今まさに目の前で展開しています。

「源流」を辿って考える
――ロシア正教会とウクライナ正教会

ウラジーミル・プーチン大統領は、開戦二日前の2月22日、55分間にわたる国民向け談話にて、以下のような内容を発信しています。

「ウクライナは本当の意味での独立国だった伝統がない。そもそも現代のウクライナはロシアが作ったものであることは疑いようのないことだ。ウクライナはロシアの歴史や文化、宗教から切り離せない部分として認識すべきだ」

完全にウクライナ人の誇りを踏みにじるような発言です。

ウクライナでは2004年の「オレンジ革命」によってEUやNATOへの加盟を目指し、ロシアとは異なる、国家の進むべき道を示しました。その後は2014年2月の「マイダン革命」にて親ロシア派だったヤヌコヴィッチ大統領（当時）を弾劾して失脚に追い込みました。そしてロシアのクリミア半島の併合へと話が繋がっていきます。つまり、ロシアはウクライナが欲しくて欲しくてたまらなかったわけで、それは結局のところ、「嫉妬」の一言に尽きるように思えてきます。

そもそも、現在のウクライナとロシア、これにベラルーシを加えた3カ国は、源流を辿ればキーウ大公国に行き着くわけで、同根国家といえます。まるで、NTTとKDDIが元を辿れば、かつて存在した省庁、逓信省に行き着くようなものです。

■正教会とは何か？

一口に「キリスト教」といっても、長い歴史の中で幾度も分裂を繰り返し、その中で教会法が生まれ現在にいたります。

キリスト教の本流はローマ・カトリックであり、世界中のカトリック信者を統括する組織がローマ教皇庁です。このローマ・カトリックから分れたのが正教会であり、宗教改革によって生まれたプロテスタントです。

「正教」とは、いわゆる「オーソドックス（orthodox）」と呼ばれるもので、「正しい教え」を意味します。これはギリシャ語の「オルソドクシア」に由来する言葉です。正教会は、原始キリスト教からの連綿性があると自認しています。

原始キリスト教とは、イエスの死後、12人の弟子たち（十二使徒）がイエスの教えを広めていった頃、つまり伝道活動を始めた頃のものを指します。後に強固な共同体ができあがり、祈りなどの形式が徐々に整えられていき、さらに集会の維持・継続に必要な決まり事なども定められていきました。

この時代の十二使徒の教えを現代まで、ゆがめることなく伝えており、またそれを今もなお保持しているのが使徒継承といいます。十二使徒の一人であるアンドレイは、黒海北東地方で伝道を行ったとされており、ドニエプル川河畔の丘陵地帯で祝福し、十字架を設けました。その十字架を設けた場所こそが、現在のキーウだったと考えられています。ちなみに、十二使徒の一人であるピーターは、このアンドレイの弟にあたる人物です。

正教会には基本的に「1カ国に1つの教会組織」という原則があります。たとえば、ロシアにそなえられた正教会は「ロシア正教会」と呼ぶように、国名もしくは地域名を冠した組織を形成しています。しかし、正教会にはカトリックでいうところのローマ教皇庁のような世界全体を統括する組織は存在しません。

正教会における高位聖職者を「主教」と呼び、正教会における最高位聖職者を総主教といいます。まさに「主教の中の主教」といえます。現在のコンスタンティノープル総主教庁の総主教は、1991年よりバルトロメオ1世が勤めています。ちなみに、コンスタンティノープル総主教は「全地総主教」とも称されます。

世界全体を統括する組織は存在しないといいつつも、コンスタンティノープル総主教庁の名前を出したのは、数ある正教会の総主教庁の中で筆頭格であると、誰もが目している歴史的な背景があるからです。正教会信者の誰もが「コンスタンティノープル総主教庁が序列でいうとトップだよね」と解釈しているということです。

■ロシア正教会の歴史

2018年8月31日から9月4日まで、トルコのイスタンブールにおいて「シノド」と呼ばれる正教会主教会議が開かれました。そこでコンスタンティノープル正教会総主教であるバルトロメオ1世は、ウクライナに2人のコンスタンティノープル総主教代理を派遣する決定を行います。

それまでのウクライナ正教会は、「ロシア正教会モスクワ総主教庁系」と「ウクライナ正教会キーウ総主教庁系」に分かれていましたが、これを統一して、ウクライナに独立した正教会を作りたいという動きがありました。この動きはソビエト崩壊によるウクライナ独立の時からありました。

ここで一つ歴史を遡ってみましょう。

988年にキーウ大公国の大公だったウラジーミル1世（978〜1015年）は、ビザンツ帝国から派遣された司祭によって洗礼を受けて信者となります。実はウラジーミル1世の父方のおばあさん（オリガ）がルーシとして最初に正教会の洗礼を受けたようです。

ウラジーミル1世は、キーウ大公国に国教としてキリスト教を導入し、東ローマ帝国、つまりビザンツ帝国の皇帝バシレイオス2世の妹アンナと結婚して、キーウ大公国の権威を上げていきます。そしてビザンツ文化を取り入れるなどしました。この文化の流れを汲むのが現在のロシア、ベラルーシ、ウクライナというわけです。ウラジーミル1世は12人の子供たちをキーウ大公国各地に配置して土着の勢力を抑えていきました。

こうしてキーウ府主教庁はコンスタンティノープル総主教庁の管理下に置かれます。同時に、現在のモスクワを含む、東スラブ系を代表する大主教庁にありました。これがロシア正教会の歴史的なスタートと見なされることが多いようです。988年のことです。もちろん府主教庁はキーウに置かれました。ちなみに、スラブ系正教会の序列では、総主教、府主教、大主教、主教の序列があります。府主教は、総主教の下の序列です。

ウラジーミル1世は、貢税（いわゆる上納金のようなもの）の支払いを停止して対立した息子を討伐するための戦争を準備している最中、死去します。1015年のことでした。ウラジーミル1世の遺体は分割されて、各教会へ送られ崇敬（崇め、敬うこと）を受けていきます。このウラジーミルへの崇敬がルーシへの伝統となっていきます。

その後、キーウ大公国は12世紀の半ばころには分領制時代へと突入して、群雄割拠となっていきます。そんな時代のキーウは、キーウ公国の行政の中心地であり、「母なる都市」と称され、ウラジーミル1世を輩出したリューリク家一族の遺産と考えられていたようです。

1438年にフィレンツェで開催されたカトリックとの会議に出席したのは、モスクワの大主教ではなく、キーウの大主教だったようですので、やはり東スラブの代表はキーウであると考えられていたのは間違いありません。

一方、キーウ府主教庁はタタール人との戦いを通じて、ウラジーミルという都市を経て、モスクワへと移動してモスクワ府主教庁となります。モスクワ府主教庁がコンスタンティノープル総主教庁から独立して、ロシア正教会が誕生します。このロシア正教会のトップがモスクワ総主教です。そして1686年にはウクライナ正教会をロシア正教会の傘下に置くことをコンスタンティノープル総主教から認められているわけです。

現在のウクライナに存在する正教会は、17世紀以降は「ロシア正教会の管轄下」にありました。1917年のロシア革命のさい、「ロシア正教会」の一教区ではなく、「ウクライナ正教会」として独立すべきではないかという議論がなされ、それ以後、「ウクライナ正教会としての独立」は悲願となっていきます。

しかし、ロシア正教会はウクライナの教会独立は認めようとはしませんでした。こうしてウクライナには大きく3つの正教会が併存します。

① ロシア正教会モスクワ総主教庁の管理下に置かれたウクライナ正教会
② ①から勝手に独立。先述の独立を悲願として活動してきたウクライナ独立教会
③ ①から勝手に独立。ウクライナ政権からの支持を得て活動してきたウクライナ正教会（キーウ総主教庁系）

の3つです。本来1つの国に1つの正教会が置かれるのが原則ですが、ウクライナは正教会が分裂状態にあるといえます。「勝手に」と書いたのは、どこにもその正当性を認める組織が存在しないからです。

特に3つめのキーウ総主教庁は、モスクワ総主教庁と対立する形で結成されたものです。さらにウクライナ独立教会とキーウ総主教庁は、正教会の教会法上は非合法であるため、他の正教会からは正式な聖職者とは見なされず、洗礼などの行為は有効と

は見なされないとのことです。「勝手に」独立しているからです。

教会の独立は、地域を管轄する教会の承認が必要となりますが、モスクワ総主教庁の管理下に置かれたウクライナ正教会は、何度交渉しても承認しないモスクワ総主教庁を飛び越えて、コンスタンティノープル総主教庁と交渉します。先述の通り、コンスタンティノープル総主教庁はその歴史的な経緯から正教会の代表格とされていますので、第一人者と交渉しようとしたわけです。

2007年に当時の大統領ヴィクトル・ユシチェンコが交渉に当たりましたが上手くいかず、2017年に当時の大統領であったペトロ・ポロシェンコが交渉したところ条件付きで独立を承認しました。

正教会にはローマ・カトリック教皇のような世界全体を統括するような組織は存在しないため、コンスタンティノープル総主教庁が独立問題に介入するということは異例中の異例でした。

その条件とは、ウクライナに存在する3つの正教会を統一させて一つにすること、これに同意するということでした。しかし、モスクワ総主教庁は自分たちが管轄しているところで、いくら代表格と見なされているからといってコンスタンティノープル総主教庁が介入するのはおかしいと強く抗議しました。抗議には管轄権を簒奪しようという意思があるのではないかという強い疑念があったわけです。そしてウクライナの教会は、あくまでモスクワ総主教庁の分派に過ぎないとの立場を明確にし、モスクワ総主教庁管轄下のウクライナ正教会もこれに続きました。

結局２０１８年12月15日に統一公会が開かれ、会場となったのは聖ソフィア大聖堂でした。公会の最中、宗教的なシンボルではないはずのウクライナ国旗を掲げた群衆が広場を埋め尽くし、当時のポロシェンコ大統領はモスクワ総主教庁からの独立に向けて第一歩を踏み出したと宣言しました。ポロシェンコはＮＡＴＯ加盟を目標とした人物でもありました。

３つの正教会の合同を宣言したとはいえ、もちろん、これはウクライナ政府が政治力をもってして成し遂げたことでした。こうして誕生した新生ウクライナ正教会はコンスタンティノープル総主教庁の承認を得て誕生したため、宗教上は非合法ではないにせよ、世界の正教会からはほとんど祝福されていないという状況となっています。

■帝政ロシアの復活とプーチンの嫉妬

ロシアは「第3のローマ」を自認しています。「第1のローマ」とはローマ帝国、第2のローマは東ローマ帝国のことです。

そしてロシアの「第3のローマ」とは、「我こそは東ローマ帝国の後継国家である」という自認があるのだと思います。東ローマ帝国は皇帝（権力）と教皇（権威）を同じ人物がもつという構造だったこともあり、その後継国家を自認している以上、ウクライナやベラルーシはロシアの一部であると思っている節があります。

そして、ローマ正教会から勝手に出ていったウクライナ正教会が許せないだけでなく、聖地キーウを首都に戴いているウクライナのことを嫉妬しているのではないかと思うわけです。

プーチン大統領の心の内までは分かりませんが、「帝政ロシアの復活」と「プーチンの嫉妬」が渦巻いたウクライナ侵略のように見えてきます。

ロシア世界の統一を目指す思想、「ルスキー・ミール」とは何か？

■ロシア正教会総主教キリル一世

現在のロシア正教会の総主教はキリルI世という人物です。彼は、ウラジーミル・ミハイロビッチ・グンディアエフという出生名を持つ人物で、前任のアレクシイII世の後を継いで2009年に総主教の座に就きました。2012年9月には、前年に発生した東日本大震災で災害に見舞われた宮城県仙台市を見舞っています。

西暦395年のローマ帝国分裂、476年の西ローマ帝国の滅亡を経て、1054年には時のローマ教皇とコンスタンティノープル正教会総主教が相互に破門したことから、ローマ・カトリックと正教会は完全に分裂したものと認識されています。そんな中、キリルI世は2016年2月には、現在のローマ教皇であるフランシスコとキューバで会談を果たしています。また、今回のロシアによるウクライナ侵略について、フランシスコとオンライン協議をするなどしています。

そんなキリルI世ですが、ロシアによるウクライナ侵略について、「正義と悪の黙示録的戦いに他ならない」「神の加護を受けられるか否かという人類の行方を決めることとなる」と語っています。

キリルI世によれば、一部のウクライナ人が「世界の支配者と称する国々が提供する価値観的なものを拒否している」と説明しています。ここでいう「価値観的なもの」とは同性愛者の権利などとしています。

すでに述べたように、ロシアは「第3のローマ」を自認しています。さらに、ロシア政府こそが、ロシアに存在するキリスト教文化の守護者であると自認しています。だからこそ、旧ソビエトを構成していた国々を支配する正当性があると思い込んでいる節があります。

■ソ連崩壊で生まれた「イデオロギーの空白」

旧ソビエトの崩壊と同時に、「共産主義」という概念も崩壊したため、「イデオロギーの空白」が生まれたと考えられます。イデオロギーとはまさしく、人間が社会生活を営む上で、根本となる概念のことであり、共産主義に代わるイデオロギーとして、「ロシア正教会の影響力の拡大」が生まれたと考えられるわけです。

これは「ロシア世界」の構築、つまり「ルスキー・ミール」と呼ばれるものです。「ルスキー・ミール」とは11世紀に生まれた言葉で「東スラブ語圏」を指しています。これは現在のロシアの一部、ベラルーシ、ウクライナを含む地域です。この3カ国はともにキエフ大公国を源流にもち、文化的起源が同じです。そのため、起源は11世紀の「東スラブ語圏」だったとしても、現代においては「ロシア語圏」と曲解されてもおかしくなく、結局は旧ソビエト崩壊で空白となったイデオロギーとして新しく据えられた概念といえます。２０１４年のクリミア半島併合もまた、「ロシア世界（ルスキー・ミール）」の構築の一環であったと考えられるわけです。

確かにプーチン大統領は常々、「ウクライナには主権などない」と嘯いていて、裏を返せば「ウクライナ（だけでなくベラルーシも含む地域）はロシアの一部である」と認識していることとなります。だからこそプーチン大統領にとって、２０１８年のウクライナ正教会の独立だけでなく、またキエフ大公国の聖地であったキエフがウクライナ領であることも許せないのではないでしょうか。

そもそも、ウクライナの地はかつてポーランド・リトアニア共和国（１５６９～１７９５年）、オーストリア＝ハンガリー帝国（１８６７～１９１８年）などの支配を受けた歴史をもつため、国内には多くのカトリック信者もいます。もちろん、ロシア正教会から独立したウクライナ正教会の信者もいます。

すでに述べたように、ウクライナ正教会がロシア正教会から独立する正当性を与えたのは、コンスタンティノープル正教会総主教のバルトロメオI世です。これについてキリルI世は、「ウクライナ人をロシアの敵に作り替えることを後押しするのか！」と、激怒したといいます。またプーチン大統領は、「バルトロメオI世はアメリカ政府のいいなりだ！」とも非難しています。

ウクライナ侵略を進めるロシア軍には、軍の士気を高め、愛国心を促す守護聖人と呼ばれる人たちが従軍していたといいます。実際に、シリア内戦のさいに「ロシアは少数派のキリスト教徒を守るための『十字軍』だ！」と喧伝して回ったといわれています。これらの象徴的な出来事が２０２０年に建設されたロシア軍大聖堂です。

■「権力と権威」が結びついた末の悲劇

ロシア軍大聖堂の建設は、ナチス・ドイツに勝利した記憶を国威発揚に繋げたいと考えた、プーチン大統領の肝いり事業でした。こうして、戦いの正当性をアピールし、ソビエト連邦から続くロシアを「ナチスの魔の手から護った解放者である！」と意味づけているわけです。結局は、若者の間に「軍への憧れ」を作り出し、強いロシア軍を作ろうという目的があるのではないかといわれています。

ちなみにロシア軍大聖堂には、「軍国主義の日本を粉砕」と説明されたモザイク画も飾ってあるそうです。１９４５年8月、日ソ中立条約を一方的に破棄して参戦を表明し、ポツダム宣言の受諾後に北方領土を火事場泥棒的に不法占拠した国が何をいうか……、と開いた口が塞がらないどころか、あごが外れてしまいそうです。

一般的に、「ウクライナ侵略は、ロシアがウクライナのNATO加盟を阻止しようとした」といわれることが多いですが、「なぜ阻止しようとしたのか？」という観点が抜けています。ウクライナの地理的位置をみれば、西隣はポーランドですが、「ウクライナの西隣はヨーロッパ連合（EU）である」と考えた方が分かりやすいかもしれません。

つまり、ウクライナのNATO加盟、そしてEUへの加盟は、ロシアにとっては「ルスキー・ミール」の破壊に繋がるわけです。ここでいう「破壊」とは、物理的に何かが破壊されるとかではなく、「ルスキー・ミール」という精神的な統一が破壊されるということを意味することは火を見るより明らかです。

「精神的な統一の破壊」、これを最も嫌うのは、他ならぬキリルI世本人です。しかし戦う力は持っていませんので、権力を持つプーチン大統領を後押ししていると考えられます。だからこそ、ウクライナにいるロシア正教会の聖職者たちが「キリルI世本人が戦争を支持してるじゃん！　ふざけんな、ハゲ！」と抗議をするに至っているわけです。

もちろん、プーチン自身は元々、ＫＧＢの要職に就いていた人物であり、忠誠を誓った祖国が崩壊していく様を間近で見ていたわけですから、ソビエト連邦、ひいては帝政ロシアの復活をもくろんでいたとしてもおかしくはありません。

日本では古くから、権力と権威を分けることで社会に安定をもたらしてきました。これは日本人の知恵といえます。実際に権威である天皇が、みずから権力を手にして天皇親政を行った例は、中世以降では数えるほどしかありません。権力の暴走を止められるのは権威しかないわけですから、ここを分けることの意味は十二分に理解しておくべきだと思います。

今回のロシアのウクライナ侵略は、「精神的な統一の破壊」を阻止したいキリルⅠ世、領土的野心と王政復古をもくろむプーチン大統領の目的が合致したことで起こったのではないでしょうか。権力の暴走を止めるどころか、権威が権力を利用して、権力は権威のお墨付きを得ているという、非常に問題多き状態となっているわけです。

ＮＡＴＯ加盟と安全保障
——スウェーデンとフィンランド

２０２２年5月18日、スウェーデンとフィンランドの両国はＮＡＴＯ（北大西洋条約機構）に加盟を申請しました。加盟申請の理由は言わずもがなですが、ロシアのウクライナ侵略に対する安全保障上の懸念が背景にあります。

ちなみに、ＮＡＴＯの本部はベルギーのブリュッセルにあります。加盟申請を受け取ったのは、ＮＡＴＯ事務総長のイェンス・ストルテンベルグ。彼は、「フィンランドとスウェーデンがＮＡＴＯへの加盟を申請したことを温かく歓迎する。あなた方は我々の最も親しいパートナーだ」と記者団に語り、また「これは歴史的な瞬間であり、我々はこれをとらえなければならない」とも語っています。

そして、ＮＡＴＯ加盟には全加盟30カ国の同意が必要、つまり全会一致での加盟賛成が得られなければ、両国はＮＡＴＯに加盟できません。

事務総長の言葉

"I warmly welcome the requests by Finland and Sweden to join NATO. You are our closest partners,"

"This is a historic moment, which we must seize,"

第二次世界大戦後は、米ソによる冷戦状態が続きました。特にフィンランドは第二次世界大戦時には、ソビエト連邦と「冬戦争」や「継続戦争」を経験しているとはいえ、冷戦期は中立の立場を採り、ＮＡＴＯには非加盟でした。それだけに、事務総長の「歴史的な瞬間である」との言葉の意味が理解できます。

通常はおよそ1年かかる加盟への過程ですが、ロシアの脅威を考えると、そうとも言っていられない現実が目の前に存在します。

カナダは、即座に両国の加盟を批准する旨を表明し、またイギリスは両国の相互防衛協定が適用されるまでの間、安全保障を保証する立場に就くことを表明しました。

ウクライナがＮＡＴＯに加盟することを嫌ったこと、これもまたロシアがウクライナへの侵略を決めた要因の一つといえるのかもしれません。しかし、ウクライナへの侵略が結局はＮＡＴＯ加盟国を拡大させることになるとは、実に皮肉なものです。

ロシアのプーチン大統領は、両国にＮＡＴＯ加盟の意欲があると伝わった当初は、飛び地であるカリーニングラードに核兵器を配備する可能性があると言及していました。その後、５月23日の段階では、「両国のＮＡＴＯ加盟はロシアにとって脅威にはならない」と余裕の姿勢を見せましたが、一方で両国の軍事インフラが強化された場合はそれ相応の対応策を採るともいっていました。そして８月になると、極超音速巡航ミサイルを装備したミグ31戦闘機を３機、カリーニングラードのチカロフスク空軍基地に配備しています。

さて、スウェーデンとフィンランドのＮＡＴＯ加盟までの道のりについては、大きな、実に大きな問題が一つ存在していました。

それはトルコのエルドアン大統領が両国のＮＡＴＯ加盟には否定的な立場を採っていたからです。実際に、交渉のために両国から代表団を送る旨の連絡をもらったさい、「わざわざ来なくて良い」と述べていたほどです。

トルコのＮＡＴＯ加盟は１９５２年のこと、ギリシャと同時加盟であり、ＮＡＴＯが発足した１９４９年からわずか３年足らずのことでした。古参の加盟国といえます。

■キプロス紛争

実は、ギリシャは1974年に一度NATOを脱退した歴史（1980年再加盟）を持ちます。

きっかけはキプロス紛争です。

キプロスはキプロス島に存在する国ですが、北部と南部に分断されています。北部にはトルコ系住民によってつくられた「北キプロス・トルコ共和国」、南部には「キプロス共和国」が存在します。

キプロス島は地中海に浮かぶ島であることから、古くから地中海交易の拠点として発展した場所でした。いつしかギリシャ人が住み着き、1571年からオスマン帝国によって占領されると、多くのトルコ人が流入してくるようになりました。オスマン帝国の支配下でイスラーム化が進みますが、ギリシャ人はギリシャへの帰属を求めるエノシス運動を起こしました。

その後、オスマン帝国の衰退もあり、紆余曲折を経て1925年にキプロス島はイギリスの植民地となります。第二次世界大戦後は、キプロス住民の多くがギリシャとの統一を望みますが、イギリスだけでなく、ギリシャもこれを拒否しました。しかしギリシャとの統一は認められなかったものの独立は認められ、１９６０年にキプロス共和国として独立しました。そして独立と引き換えに、イギリスはアクロティリとデケリアの2か所に軍事基地を設けることを決め、現在もイギリス主権基地領域としてイギリス軍が使用しています。これにはキプロス政府がイギリスへの返還要求を出していますが、イギリスに応じる気配は全くありません。

１９６４年と67年にはギリシャ系住民とトルコ系住民との間で内戦が勃発します。これがキプロス紛争です。さらに１９７４年には、ギリシャがキプロスに介入したことにトルコが反発して出兵し、キプロス北部を占領します。これに反発したギリシャはＮＡＴＯを脱退したというわけです。

ギリシャは１９８０年にＮＡＴＯへ再加盟を果たします。これまでの経緯がありながらも、この時にトルコはギリシャの再加盟に対して「賛成」しました。しかし、その後アメリカ合衆国がギリシャに軍事基地を建設して、武器を供与するなどしたため、トルコはギリシャのことを良く思っていません。

こうした経緯もあり、１９８３年には「北キプロス・トルコ共和国」が独立を宣言します。もちろん、これを国家承認しているのはトルコだけです。

■冬戦争

そもそも、フィンランドはロシアと国境を接しており、その距離は１３４０km。第二次世界大戦中、国境線付近でフィンランドとソビエト連邦は直接、二国間戦争をしています。

第一次ソ連・フィンランド戦争（冬戦争）：１９３９年11月30日〜１９４０年３月12日
第二次ソ連・フィンランド戦争（継続戦争）：１９４１年６月25日〜１９４４年９月４日

の二度です。

時は、１９３９年８月23日の独ソ不可侵条約の秘密議定書によって、ナチス・ドイツとソビエト連邦による東ヨーロッパの勢力圏の分割がなされました。

これによってナチス・ドイツが興味を示さなかったバルト三国やフィンランドに対

して、ソビエト連邦は圧力を強めていきます。ソビエト連邦はフィンランドへのソビエト軍の基地の設置と駐留を求めますが、フィンランド側はこれを拒否しました。

そんな中、1939年11月26日にマイニラ砲撃事件が発生します。これはソビエト領内のマイニラという村で発生した砲撃事件です。実際にはこの砲撃はソビエト軍によるものですが、「国境を越えてフィンランド軍によって行われた！」と主張して国内世論を煽り、フィンランド侵攻の大義名分を作り出しました。いわゆる「偽旗（にせはた）作戦」と呼ばれるもので、2014年のロシアによるクリミア半島併合やこの度のウクライナ侵略においても随所に行われた作戦です。つまり、「嘘つき」です。

このマイニラ砲撃事件をきっかけにソビエト連邦によるフィンランド侵攻が行われました。これには世界中から非難が集中し、12月14日になると国際連盟から追放されます。現在のウクライナ侵略において、ロシアを国際連合から追放しようにも拒否権を有する常任理事国であるため、国連人権委員会からの追放が関の山となっています。

英仏はスカンディナヴィア半島に地上軍の派遣を計画しますが、これにはスウェーデンとノルウェーが他国の軍隊の通過を拒否したため実現には至りませんでした。この計画が固まったのは1940年2月でした。季節は冬であり、バルト海やボスニア湾は凍港となってしまうため、ノルウェーのナルビクに上陸させ、スウェーデンを経由してフィンランドへ届ける作戦でした。ノルウェーのナルビクは高緯度に位置する港ですが、沖合を暖流の北大西洋海流が流れるため、高緯度の割には冬でも不凍港として知られています。

スウェーデンはキルナやイェリヴァレといった都市に鉄鉱石の埋蔵がみられ、ドイツのルール炭田から供給される石炭とあわせて鉄鋼業が発達する国です。この鉄鋼を基礎資源として自動車産業が発展しています。スウェーデンといえば、ボルボが有名ですね。冬はボスニア湾やバルト海が凍って使えないため、キルナやイェリヴァレの鉄鉱石はノルウェーのナルビクに運ばれてから輸出されています。

結局、冬戦争はフィンランド国土の一部をソビエト連邦に割譲し、およそ2万5０００人の死者を出すこととなり、１９４０年3月にはモスクワ講和条約が結ばれました。しかし、ソビエト連邦では１９３０年代にヨシフ・スターリンによる大粛清が行われていたこともあり、優秀な兵士たちが処刑され、弱体化したソビエト軍が白日の下にさらされることとなります。実際に冬戦争におけるソビエト軍の死者数が20万人を超えたとされています。フィンランドのおよそ2万5０００人と比べると、かなりの数字といえます。

■継続戦争

冬戦争にて領土の一部を割譲させられたものの、フィンランドは独立を維持しました。そこで当時のナチス・ドイツとソビエト連邦に対して軍事的中立の立場を維持するために、ノルウェーやスウェーデンとともに歩調を合わせようと構想しますが、独ソの反対にあい構想は頓挫しました。

そんな中１９４０年にはノルウェーとデンマークがドイツに占領されたため、スウェーデンは西にドイツ、フィンランドは東にソビエト連邦とそれぞれ対峙する状況となりました。ここでフィンランドはドイツと秘密協定を結び、フィンランド国内におけるドイツ軍の駐留と軍隊の領内通過を認めます。もちろん、これは独ソ不可侵条約の秘密議定書に違反します。

フィンランドは先の冬戦争後に、軍事力の強化を進めていたこと、またドイツ軍の駐留が大きな支援に繋がるとの期待が膨らんだこともあり、フィンランド軍の兵士は実に50万人を超えるほどとなりました。当時のフィンランド国民およそ４００万人に対して、かなり大きな割合を占めていました。

1941年6月22日、ドイツはソビエト連邦に侵攻します。バルバロッサ作戦です。ドイツ空軍機がフィンランド国内からソビエト連邦へ攻撃したため、ソビエト軍は報復の空爆を行います。これに対して、フィンランドはソビエト連邦に対して宣戦布告、フィンランドとソビエト連邦による戦争が開始されました。これは先の冬戦争からの継続する戦争であるとの認識から、継続戦争と呼ばれています。

トルコの思惑

■トルコの立場

なぜ、トルコは両国のNATO加盟を拒否していたのでしょうか？

エルドアン大統領は、スウェーデンとフィンランドの両国を「テロリズムを支援している」と非難していました。そもそもトルコ政府がテロリスト集団に指定している組織に、クルド労働者党（PKK、Partiya Karkeran Kurdistan）があります。

実は、公安調査庁のウェブサイトには、「国際テロリズム要覧」[★1]というページが開設されており、ここでPKKが紹介されています。[★2]

忙しい人のために、ＰＫＫの概要を簡単にまとめてみます。

①１９７４年設立の「民族解放軍」から、１９７８年に「クルド労働者党（ＰＫＫ）」へと名称変更

②マルクス・レーニン主義を標榜している

③１９８４年に初めてのテロを実行し、１９９０年代に入るとテロを頻発させた

④アメリカ合衆国国務長官から、１９９７年に外国テロ組織に指定された

⑤当初はトルコ南東部での「クルド人国家の樹立」を目的としていたが、現在は「クルド人の文化や言語を保護する」として、トルコ国内での自治権の獲得に向けた取り組みを行っている

⑥ＰＫＫ最高指導者オジャランはケニアに潜伏中、身柄を拘束され、現在も服役中

⑦オジャランは獄中から、ＰＫＫメンバーに暴力の停止とトルコ政府との対話を促していた

⑧しかし、現在もトルコ政府とＰＫＫの対立は続いている

トルコの外務大臣チャウシュオウルの言葉からは、ＮＡＴＯ加盟国それぞれが有

している安全保障上の問題については、同盟関係をもってして解決していくべきであるという考えをもっていることがわかります。

しかしながら、トルコが指名手配中のPKKメンバーの引き渡しを要求したにもかかわらず、スウェーデンとフィンランドの両国はこれに応じなかったと、外務大臣は非難していたわけです。この指名手配中の人物は、2016年に発生したトルコクーデター未遂事件にも関与したとされています。

エルドアン大統領は独裁的な政治手法を採り、国内のイスラーム化を進めていました。しかし、トルコは「政教分離」を掲げてきた国です。その理念の象徴として認識されていたトルコ軍部との関係はあまり良いものとはいえませんでした。これが2016年に発生したトルコクーデター未遂事件を引き起こしたといえます。

■2016年トルコクーデター未遂事件

2022年現在のトルコ大統領である、レジェップ・タイイップ・エルドアンは2003年から11年間トルコの総理大臣を務め、2014年から大統領に就任しました。当時のトルコの好調な経済を背景に支持率を高める一方で、独裁的な政治手法によって、トルコのイスラーム化を進めていきました。

２０１６年7月15日、トルコ軍の一部がエルドアン大統領を失脚させるために、トルコ国内のいくつかの主要都市でクーデターを起こしました。トルコ軍の戦闘機はトルコ国会に爆弾を投下、統合参謀本部議長のフルスィ・アカルを誘拐します。

トルコでクーデターが発生するのは、１９２３年10月29日の建国以来、１９６０年、１９７１年、１９８０年、１９９７年に続いて5回目のことでした。これまでのクーデターと違うのは、クーデターに対して国民が反対デモを起こしたことです。しかもその数は数千を数え、さらには台所用品だけで武装するという、決死の思いで起こしたものでした。

その甲斐あってか、国民の反対デモは数時間でクーデターの企てを打ち破り、政府による勝利宣言を出すことができました。しかし、勝利と引き換えに２４１人が死亡し、２１９４人が負傷するという代償を払うこととなります。

このクーデターは、１９９９年からアメリカ合衆国に亡命しているフェトゥラー・グレンの影響が大きいと、トルコ政府はみているようです。グレンという人物は宗教運動の指導者であり、トルコ国内における資産家として知られており、財団や報道機関、学校などを所有しています。グレンは、かつてはエルドアンの支援者でした。

しかしエルドアンがトルコのイスラーム化を進めていく過程で、「世俗主義」の後ろ盾であった軍部と、エルドアンが党首を務める最大与党である公正発展党（ＡＫＰ）との党争は深刻化していきます。その際に官僚たちの多くが突然解雇され、グレンを信奉する人たち、つまり「グレニスト」たちに入れ替わっていきました。

そしてクーデターが発生するわけですが、グレニストたちはクーデターへの関与を否定し、挙げ句の果てには「エルドアンが自らの独裁政権を長期化させるために、自ら指揮した！」と主張するまでになっています。そして、これをトルコの野党が否定するという事態が起きているほどでしたので、いかにグレニストたちが異端であるかが理解できます。

クーデター後、グレンとの関係が疑われるメディアを閉鎖し、また5万人以上を逮捕していきます。もちろん、「国家機関からクーデター支持者を根絶やしにするため」との大義名分を掲げてのことです。トルコ政府としては、グレニストを2年以上にわたって調査していたからこそ迅速に対応できた、と主張しています。

そして、クーデター後に2つの野党の党首を大統領官邸に招いて、今後の連帯を確認しあうのですが、そこには親クルド派の人民民主党の党首は招かれませんでした。なぜならば、人民民主党がクルド労働者党（PKK）を支持していると目されていたからと言われています。

さらに、トルコ政府は親クルド報道機関を閉鎖させ、クルド人ジャーナリストなどPKKとの関係を疑われた人物を次々と逮捕していきました。

■背景

加盟を望んでいるスウェーデンとフィンランド、それぞれの外務大臣の発言は微妙に異なります。フィンランド外務大臣は、「トルコがもつ自国への懸念を払拭すべく検討の余地がある」と述べ、また「その解決には時間を要する」と説明しました。しかし、スウェーデン外務大臣は「スウェーデンは様々な国との協力関係にあるのだから、我々がNATOへ加盟することはトルコの利益にもなるはずだ」と発言し、これにはエルドアン大統領が不快感をあらわにしました。「仲間に入れてくれ！」という人間が、「俺を仲間に入れたら、お前の利益になるんだぞ！」と挑発して、それに快く「じゃあ、ぜひ仲間になってくれ！」というでしょうか？

またトルコとしては、両国がＮＡＴＯ加盟に向けて動き出したあともＰＫＫに対して武器供与を続けていること、ＰＫＫの集会が行われていることへの規制がなされていないことも承服できないとしています。また武器供与の証拠も明示しています。トルコとしては、自国がテロ認定している組織の活動に対して、様々な規制を設けるつもりがあるのか、その気持ちを測っているわけです。もちろん、「はい、喜んで！ただし、ＮＡＴＯに加盟できたらね」という「後出しじゃんけん」に付き合うつもりはありません。

このことから考えても、フィンランドはともかく、トルコがスウェーデンの加盟申請に「同意」を示す可能性はかなり低いと考えられていました。

結局、紆余曲折を経た6月27日、トルコはスウェーデンとフィンランドのＮＡＴＯ加盟申請を支持することで合意、7月6日には両国のＮＡＴＯ加盟に関する議定書が調印されました。両国が国内におけるテロ対策を強化し、ＰＫＫやＹＰＧ（クルド人民防衛隊）を否定し非難することなどを表明したことが背景にありました。これに関しては、トルコ外交の勝利といえますが、今後スウェーデンとフィンランドが履行するかどうかに懸かっています。エルドアン大統領は、２０２３年のトルコ大統領選挙を前にして、一定の成果を上げることはできたといえるのではないでしょうか。

★1 ▼国際テロリズム要覧
https://www.moj.go.jp/psia/ITH/index.html

★2 ▼クルド労働者党（ＰＫＫ）
https://www.moj.go.jp/psia/ITH/organizations/ME_N-africa/PKK.html

シリア内戦とトルコ憲法、エルドアン大統領が見ている未来

■シリア内戦

人類史上、最も多くの難民を出したといわれるのがシリア内戦です。シリア内戦が勃発したのは２０１１年のことでした。２０１０年12月に始まった、チュニジアのジャスミン革命から、独裁政権に対する反政府デモの余波がシリアにも飛び火してのことでした。そのため、初期のシリア内戦は、長らく続くアサド政権と反対勢力による衝突でした。

ジャスミン革命は、一般的に独裁政権に対する反政府デモと捉えられていますが、穀物価格の高騰が遠因にあったことはあまり知られていません。やはり中東地域からアフリカ北部にかけての地域における、食糧の安定供給はロシアとウクライナが握っ

ています。ロシアは国内におよそ1億4400万人の人口をかかえているため、しばしば国内供給を優先させることがあり、それによって輸出規制を行うことがあります。これが輸出先での供給不足を引き起こし、価格高騰に繋がることがあるというわけです。

さてシリア内戦ですが、その後は複数の反政府組織の間での戦闘が勃発し、社会的混乱に乗じてイスラム国やアルヌスラ戦線、そしてクルド民主統一党などのクルド人勢力などが参戦してきました。ここに、アサド政権の打倒、イスラム国の掃討などを目的とした諸外国の軍事介入がみられ、内戦は完全に泥沼と化しています。そしてアサド政権を支援したのがロシアとイランでした。その後、諸外国の標的がアサド政権からイスラム国へと移ったこともあり、一時はシリア国内の3割程度にまで減ったとされるアサド政権の支配領域が、7割ほどにまで回復しています。

トルコはシリアの隣国であり、一貫して反政府勢力を支持しているため、アサド政権とは外交関係が断絶状態にあります。そしてクルド人勢力とも敵対している状態です。トルコはロシアから小麦を輸入しており、エジプト、イランと並んでロシアの主要輸出相手国となっています。またトルコは、モントルー条約によってボスポラス海峡とダーダネルス海峡の主権を有しているため、ロシアがトルコを敵対視すると「黒海ルート」を使用することが不可能となります。こうした背景からお互いの利害関係が一致しているといえます。

そして、シリア内戦で発生した難民の多くがトルコに渡りました。トルコ国民からすれば、難民の増加は「文化的摩擦」に発展しかねないわけであり、また難民に職を奪われる不安感が増していきます。そのため、シリア難民のシリアへの帰還を求める声は日増しに高まっていきました。

■トルコ共和国建国時の憲法

そもそもトルコは1923年のトルコ共和国建国のさい、憲法に「国家の不可分性」を明記しました。「トルコはトルコ人の国家であり、トルコ語を国語とする」と規定されたため、イスラーム教徒ではないギリシャ人やアルメニア人、ユダヤ人などはマイノリティ民族と定められました。しかし、そこにはクルド人は含まれず、クルド語の使用が禁止されました。

こうした社会的な不公平を是正しようと考えて、1974年に「民族解放軍」が結成され、1978年にPKK（クルド労働者党）へと改称されました。シリア前大統領のアサド（現大統領の実父）はPKKの指導者であるオジャランを支援していました。

これにはトルコも再三にわたって支援を止めるよう要請していましたが、シリアが支援を止めなかったため、トルコはシリアとの国境沿いに数万のトルコ兵を配備し、「いつでもやってやんぞ！」の姿勢を見せると、ようやくＰＫＫに関する合意文書が作成され、トルコとシリアは関係を改善していきました。

しかし２００３年になると、シリアにいたＰＫＫの元メンバーによってクルド人民族主義を掲げたＰＹＤ（民主統一党）が結成され、民兵組織ＹＰＧを傘下に創設します。

トルコ政府とＰＫＫの対立が一貫して存在したわけではなく、２０１３年にはトルコ政府とオジャランとの間で和平交渉が始められたこともありました。しかし、そんな歩み寄りも２０１５年には破綻していきます。

■エルドアン大統領が見る未来

これまで、述べてきた内容をまとめてみます。

①なぜフィンランドがＮＡＴＯに加盟する意欲を見せているのか？

→「冬戦争」「継続戦争」の経緯
②なぜトルコがスウェーデンとフィンランドのNATO加盟を認めなかったのか？
→トルコ政府が要求するクルド人テロリストの引き渡しに応じなかった
③2016年のトルコクーデター未遂事件とは？
→クルド人ジャーナリストやPKKとの関連人物を軒並み逮捕した

こうしたことから、「クルド人」が大きなポイントとなっていることは明白です。

エルドアン大統領は、こうしたことを背景に、長年の懸案事項であったクルド人問題の解決を急いでいるようにも思えます。クルド人武装勢力に対する軍事作戦も辞さないという姿勢は、アメリカ合衆国が反対の意を示しているほどです。

トルコはロシアとウクライナの騒乱に乗じて、武装ドローンでウクライナを支援し、またモントルー条約を根拠に、ロシア艦隊が黒海に入るのを阻止して、和平交渉の仲介役としての存在感を示しています。「トルコを怒らせると、我々は小麦を輸出できなくなる」と思わせることは、外交上、重要な意味をもちます。

ここまで来ると、ロシアとウクライナの和平解決に向けてのカギを握るのはトルコしかいないといっても過言ではないかもしれません。だからこそ、スウェーデンとフィンランドのＮＡＴＯ加盟に対して、これだけ強気に出られるのだと考えられます。

トルコ国内に目を向けると、継続的な通貨危機の最中にあり、それはエルドアン大統領による国家運営にミスがあると指摘されています。インフレ率は１００％を優に超えている公算が大きいといわれており、これにより何百万人ものトルコ人が貧困に追いやられていて、支持率の低下が起きています。

どこの国も、どんな歴史においてもそうですが、内部の混乱は国民の目を外に向けさせることで沈静化させる、そんな手法がよく採られてきました。中国や韓国が、いつも日本を目の敵にしているのはそういうことです。彼の国の国内問題に付き合う必要はありません。

こういったしたたかさが国家を預かるリーダーには必要なのかもしれません。ぬるいポンコツ総理大臣を見ていると、エルドアン大統領が頼もしく見えてしまうところが、人間の業だなと思わざるを得ないのが悲しいところでもあります。

「むき出しの導火線」を見抜く
――南オセチア問題

「むき出しの導火線」というのは、私が好んで使っている表現なのですが、「紛争」「内戦」「衝突」など、何かしらの有事に発展しかねない状況がくすぶっている状態に対してのものです。

日本で生活をしていても、大なり小なりの「むき出しの導火線」が存在しますが、直接的に、そして物理的に人命を脅かすほどの状況はほとんどありません。しかし、世界を見渡すと、「明日が来ない」恐れとなりそうな状態が散見されます。

特に、「民族分布の境界」ではそれが顕著です。そして、隣国と陸続きになっている場合においても同様です。その点、日本は、「ほぼ」日本人だけで国家が成り立っており、また周囲を海に囲まれているため、他国と陸続きである状態がどのようなものかを想像することが大変困難です。

もちろん「民族分布の境界」だけでなく、一つの国の中に異なる人種が存在する場

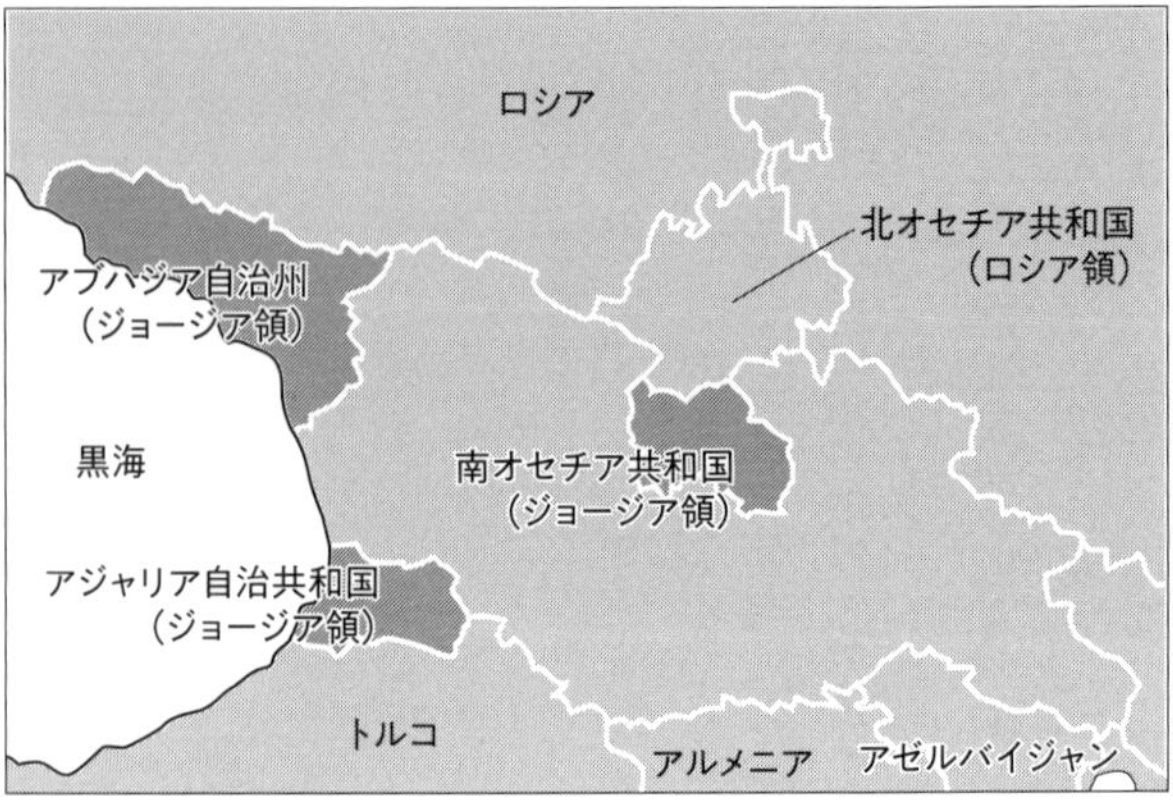

▶南オセチア共和国

合においても同様です。アメリカ合衆国が好例でしょう。

■南オセチア問題

黒海とカスピ海の間を横断している、カフカス山脈（コーカサス山脈）という山脈があります。この山脈より北側はスラブ系民族、南側はアラブ人がそれぞれ多く居住しています。しかし、このような「民族の境界」となるような場所は、得てして民族紛争が起きやすい、いわば「むき出しの導火線」のような状態となりやすいものです。

ジョージアという国の領内に、南オセチア共和国という事実上の独立国があります。上図で示された場所が南オセチア共和国です。

もちろんジョージア政府、および国連加盟国のほとんどがその独立を認めていません。南オセチア共和国は２０１７年の住民投票にて「南オセチア共和国・アラニヤ国」が正式名称となりました。これは南オセチア共和国に多く居住するオセット人の先祖で、遊牧騎馬民族であったアラン人が建国したアラニヤ国を付しています。

地名などは「〇〇＋ｉａ」で表されることが多く、「ｉａ」は地名の接尾辞で、「〇〇人の土地（または国）」という意味があります。例えば、ナイジェリア（Nigeria）、ルーマニア（Romania）、リベリア（Liberia）などが知られており、ジョージア（Georgia）やロシア（Russia）も同様です。他にも国名ではありませんが、オセアニア（Oceania）は「海洋」を意味する「Ocean」にiaを付けた名称です。

「オセチア」は「オセット（Osset）」、「アラニヤ」は「アラン（Alans）」にそれぞれ接尾辞の「ｉａ」を付したものです。

そもそも「なぜ事実上の独立国」なのかを簡単にいうと、民族の違いです。

ジョージアで生活する住民の多くがジョージア人です。ジョージア人が話す言語はジョージア語、言語系統はカルトヴェリ語族（南コーカサス語族）です。使用している文字はグルジア文字です。この語族にはジョージア語、メグレル語、スヴァン語、ラズ語の4言語が含まれますが、我々日本人にはどれもなじみの無い言語です。またジョージアで多く信仰されている宗教はジョージア正教会です。

一方のオセット人はオセット語を話す民族です。オセット語はインド・ヨーロッパ語族インド・イラン語派に属する言語で、イラン人の多くが話すペルシャ語、アフガニスタンに話者が多いパシュトゥー語、「国を持たない少数民族」のクルド人が話すクルド語なども同じ言語系統に含まれます。そしてオセット語は、キリル文字を用いる言語としても知られており、これはロシア語やウクライナ語などのインド・ヨーロッパ語族スラブ語派の言語に用いられることが多い文字です。またオセット人の多くが信仰している宗教はロシア正教会です。

■南オセチアの歴史

元々、カフカス山脈を南北にまたがって位置する「オセチア」と呼ばれる地域がありました。ここでは6世紀ころからオセット人が生活をしているといわれています。元々はカフカス山脈北側の低地で生活をしていたようですが、日本では一般に「キプチャク・ハン国」と呼ばれる、ジョチ・ウルスという国から逃れるように山岳地帯へと居住地を移したとされます。その後、帝政ロシアの成立によってその支配下に入ります。

1917年、帝政ロシアにおいて2度の革命が起きます。いわゆるロシア革命です。2度の革命は、それぞれ「二月革命」「十月革命」と呼ばれ、「十月革命」によってロシア・ソビエト社会主義共和国が誕生しました。その後1924年にはロシア領内に北オセチア自治州が設けられ、さらに1936年には北オセチア自治ソビエト社会主義共和国となります。

1944年、時のスターリン政権下において、チェチェン人とイングーシ人（ともにイスラームを信仰する民族）が中央アジアへと強制移住させられると、それまで存在したチェチェン・イングーシ自治共和国が廃止され、同自治共和国の西部が北オセチアへと編入されて現在に至ります。

少し遡ること1921年、グルジア・ソビエト社会主義共和国が建国され、翌年には現在のアルメニア、アゼルバイジャンとともに、ザカフカース社会主義連邦ソビエト共和国が構成され、グルジア領内に南オセチア自治州が誕生します。名称は自治州でしたが、ジョージア人優遇の政策がなされたため、オセット人に対してグルジア文字の使用、グルジア語での教育が施されていきます。この時点でジョージア人とオセット人の対立が見られます。

ソビエト崩壊の前年、1990年4月にはグルジア議会はソ連共産党時代に作られた全ての法律を無効とする旨を採択します。つまり、ソビエト時代に決定された、南オセチアにおけるオセット人の自治権を無効化するということです。これに対抗したオセット人は自治州から共和国へと昇格させ、自治権を大幅に拡大させました。ちなみに、ソ連共産党の解散は1991年12月13日なので、ソ連共産党が存在している段階での決定は、ロシアとジョージアが対立していることも意味します。

そして1990年11月に「グルジア」は「ジョージア共和国」へと国名を変更します。翌12月には議会において南オセチア自治州の廃止を決定し、翌年1月には弾圧を始めます。この弾圧については、オセット人の抵抗が勝りました。しかしその後、南オセチア議会議長が和平交渉のためにジョージアへ向かうと、その場で逮捕されるという事件がおきます。さらにジョージアから南オセチアへのエネルギー供給の停止、不幸なことに地震が発生するなど、南オセチア経済はどん底にたたき落とされてしまいました。

南オセチアは共和国から自治州への降格を決め、ジョージアへ譲歩しますが、ジョージアは聞く耳を持たず、武装勢力による攻撃を続けました。南オセチアは自治州への降格を止め、１９９２年１月になると、共和国としてジョージアからの独立の是非を問う住民投票を行います。圧倒的な賛成で可決しますが、結局はジョージアからの攻撃が激化してしまいました。

この頃にはすでにソビエト連邦は崩壊しており、ロシアとジョージア、そして南北オセチアの代表者４名による紛争調停に関する協定が署名されます。１９９１年から１９９２年にかけて発生した、ジョージア人とオセット人との対立もまた南オセチア紛争と呼ばれることがあります。そして同様の紛争はジョージア北西部のアブハジアでも、１９９２年から１９９３年にかけて発生しました。

終わりなき紛争
——アブハジア紛争は終わっていない！

■アブハジア自治州の歴史とアブハズ人

前項74頁の図より、アブハジア自治州はジョージア領内の北西に位置していることが分かります。北側にはロシアが位置し、南側で黒海に面しています。

前項でもお話しした「むき出しの導火線」、特に民族分布の境界においてそのような状況となりがちです。アブハジア自治州で生活している人たちのおよそ半分はアブハズ人と考えられていますが、この根拠はもう10年以上も前の調査によるものですので、正確に住民構成を知る術はないといえます。

民族を定義する手段の一つである「言語」をみると、アブハズ人はアブハズ語（北西コーカサス語族）を話します。これはロシア語（インド・ヨーロッパ語族スラブ語派）やジョージア語（カルトヴェリ語族）とも言語系統が異なる言語です。早い話が、言語の違い、つまり民族の違いが存在しており、これがアブハジア紛争の「火種」であり、アブハジア自治州の独立宣言へと繋がっていくわけです。

もともと15世紀までは、当時存在したグルジア王国の一部であり、その後は独立するも、オスマン帝国の支配下に入りました。ロシアとオスマン帝国は黒海周辺の領土を巡って幾度も戦争（露土戦争）を起こしていますが、その際に当時の帝政ロシアはアブハジアのロシア化を進めていきました。追い出されたアブハズ人の多くはオスマン帝国へと逃げ延び、現在のトルコにはそのときの難民の子孫が数多く生活をしています。

１９２１年にはソビエト連邦の構成国の一つとなりますが、１９３１年にはグルジア（当時）に属する一部と降格されて現在にいたります。

続いて民族を定義する別の手段である「宗教」をみると、アブハズ人はイスラームを信仰する民族です。元々は東ローマ帝国の支配下にあったさいにキリスト教が布教されましたが、後にオスマン帝国時代にイスラームが浸透していきます。

ジョージアとアブハジア自治州の言語と宗教をまとめると、ジョージアは「ジョージア語、ジョージア正教会」、アブハジア自治州は「アブハズ語、イスラーム」であり、何も共通点のない民族同士であることが分かります。

■アブハジア紛争

1989年12月、地中海に浮かぶ島国マルタにて、アメリカ大統領ジョージ・ブッシュ（当時）、ソビエト連邦書記長ミハイル・ゴルバチョフ（当時）との間で、44年にも及んだ冷戦の終結が宣言されました。

これによってソビエト共産党によって抑えつけられていた民族的な帰属意識が顕在化し始めます。グルジア・ソビエト社会主義共和国の国名をグルジア共和国へと改名したほどです。そしてグルジア共和国では、国内に存在するグルジア人以外の民族に対して「グルジア化」を進めるべきであるという声が大きくなっていきました。

しかし、そのグルジア共和国も民族的な一枚岩ではないため、アブハズ人による分離独立を求めた紛争へと発展しました。そのため「アブハジア紛争」といえば、1989年から現在にいたるまで続いている紛争を指すのが一般的です。これはアブハズ人だけでなく、オセット人による南オセチア共和国、アジャリア人によるアジャリア自治共和国も同様に分離独立を求めていきました。

グルジア共和国はソビエト連邦が崩壊した1991年12月の翌月には、ソビエト憲法を廃止して、以前に存在していたグルジア憲法を復活させました。しかしこれを自治権の大幅な縮小に繋がると考えたアブハズ人は、1992年7月に独立を宣言、これによって戦闘状態へと突入しました。1994年に停戦合意が成立して、平和維持軍が監視に当たっているため完全なる休戦状態となっています。これがアブハジア紛争と呼ばれるものですが、前述のように、この紛争はいまだ終わっていないということになっています。

2008年は、セルビアからコソボが独立を宣言し、また南オセチア紛争が発生した年でもありました。同年、ロシアはアブハジアと南オセチアの2地域をグルジアからの独立を認める大統領令に署名します。当時の大統領はメドヴェージェフでした。

しかしこれは、アブハジアの「ロシア化のはじまり」にすぎないという指摘もあります。アブハジアの敵はジョージア、ジョージアの敵はロシア、「敵の敵は味方」とばかりにアブハジアはロシアとの関係を良好なものにしようとしていますが、ひょっとすると、それはロシアの罠なのではないかとすら思ってしまいます。

ロシアのウクライナ侵略は、ウクライナにとどまらない可能性があります。ウクライナの「さらに向こう」にはモルドバという国が控えており、こちらもまたかつてソビエト連邦を構成した国でした。

モルドバにも親ロシア派住民がいるわけで、こうした住民を保護するという大義名分を掲げ、可能かどうかは別にして、ロシアは今後も侵略の手を緩めないことは想像にたやすい状況です。

第2章

地理で「世界の製造業」を読み解く

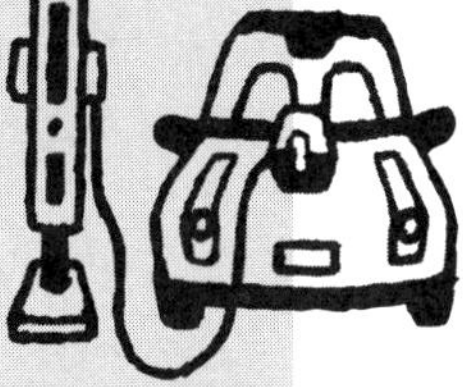

「ネクスト・シリコンヴァレー」はこの国だ！ その1

■人口が少ない国がGDPを上げるために

国際連合が定義する「北ヨーロッパ諸国」とは、アイスランド、ノルウェー、スウェーデン、フィンランド、デンマークの5カ国に、エストニア、ラトビア、リトアニアの3カ国を加えた8カ国を指します。一般的には前者の5カ国を指す場合が多いですが、バルト三国を含めているあたりが面白いです。

さて、北ヨーロッパ諸国の人口（2021年、世界銀行統計）を見ると、

アイスランド　37・2万人

ノルウェー	540・8万人
スウェーデン	1041・6万人
フィンランド	554・2万人
デンマーク	585・7万人
エストニア	132・9万人
ラトビア	188・3万人
リトアニア	279・5万人

となっており、決して人口大国と呼べる国は存在しません。

人口が少ない国がＧＤＰ（国内総生産）を増やしていくためには、１人あたりＧＤＰを高める傾向がありますので、「医薬品」など高付加価値製品に注力していきます。またＩＴ産業の成長、それを支える、いわゆる**「高度人材」と呼ばれる人材の育成もまた、ＧＤＰを増やしていくために重要なこと**です。何においても「教育は大事だ！」ということです。日本の偉い人たちにはそれが分からないようですが……。

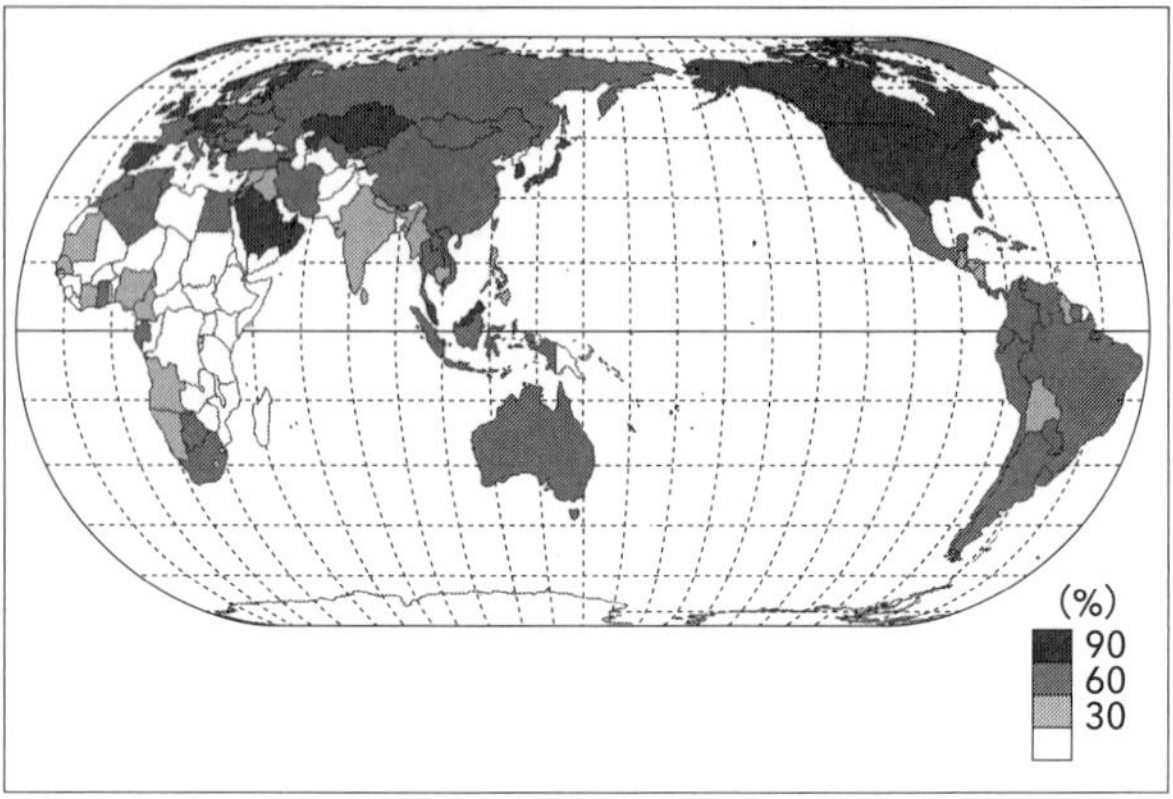

▶世界のインターネット普及率（ITU、2021をもとに作成）

さらに、北ヨーロッパの国々は高緯度に位置して寒冷な気候環境下にあるため、通信インフラの整備、点検にはなかなか苦労します。そこで北ヨーロッパでは、無線で結ばれるインターネットの利用が早い段階から進んでいました。

上の図は、インターネット普及率を示した階級区分図です。これより、アジアからアフリカにかけて普及率が低く、ヨーロッパ諸国や新大陸国家では高い傾向にあることが分かります。

ちなみに、インターネット発祥の地であるアメリカ合衆国で思ったほど普及率が高くないのは、国土面積が広く、また国民が国内のあらゆる場所で生活をしているため、

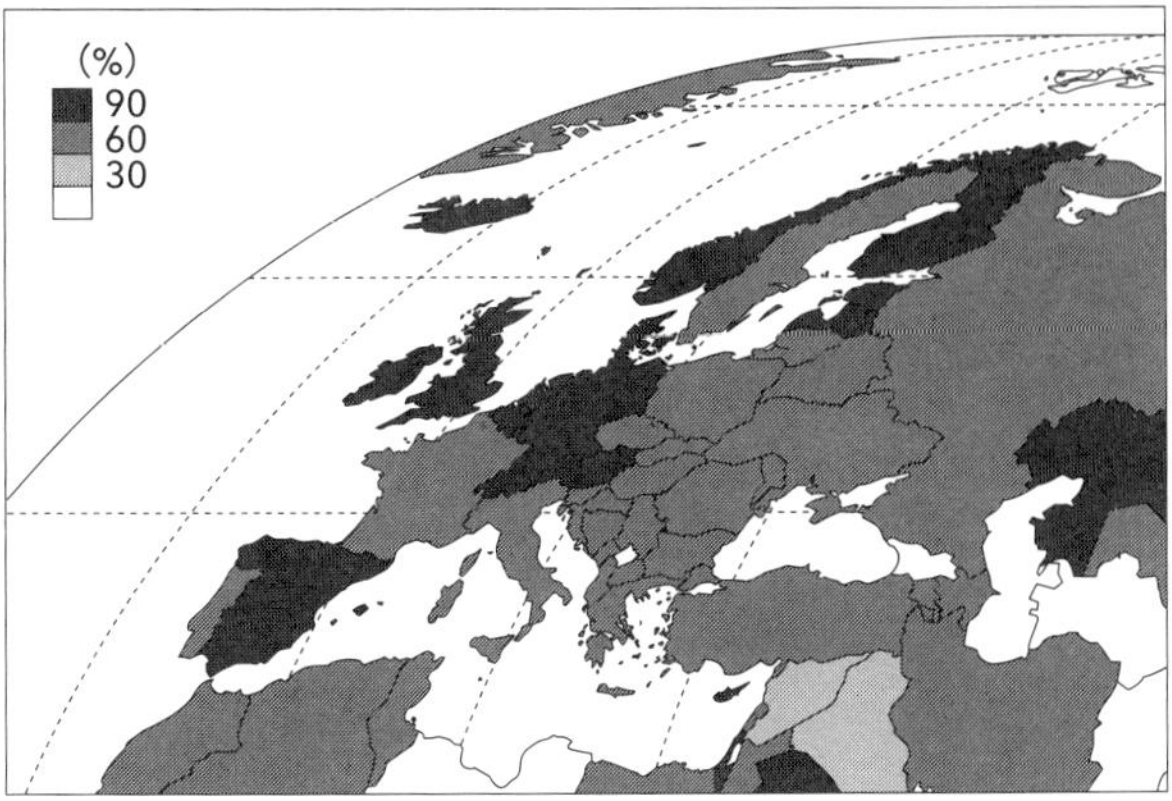

▶ヨーロッパ諸国のインターネット普及率（ITU、2021をもとに作成）

隅々まで社会資本を整備するのが困難であるからと考えられています。

カナダもアメリカ合衆国同様に国土面積が大きい国ですが、高緯度に位置して寒冷であるため多くの国民はアメリカ合衆国との国境付近、つまりカナダの中では比較的温暖な南部に集住しているため、国土の隅々まで通信インフラを整える必要がないこともあって、普及率が高いようです。

世界という巨視的な観点ではなく、微視的にヨーロッパを表したのが上の図です。確かに北ヨーロッパ諸国の普及率が高いことがわかります。これはカナダと同じ理由ですね。寒冷気候だったり、乾燥気候だったり、自然環境が厳しい国では居住可能な地域が限定されることが多く、そこに集住する国民のために社会資本を整えれば良く、インターネット普及率が高くなる傾向にあります。西アジア諸国で高い傾向を示すのもそういった背景がありそうです。

この項では、北ヨーロッパ諸国の中から、フィンランドを取り上げてみます。

■フィンランドのＩＴ産業

フィンランドの国土面積に占める森林面積割合は73・73％と非常に高く、豊富な森林資源を活用した製紙業やパルプ業といった産業、それに付随する抄紙機《しょうしき》の生産といった機械製造業など、林業関連産業が国家経済を支えています。

こうした産業構造にＩＴ産業が加わったのは１９９０年代のことです。

ノキア社といえば、フィンランドを代表する通信インフラや無線技術を開発する企業です。設立されたのは１８６５年のこと、設立当初は製紙会社でした。この辺りがフィンランド企業を象徴しているように思えます。

フィンランドは１３２３年より長らくスウェーデンの支配下にあり、１７２１年には帝政ロシアに割譲されました。しかし帝政ロシアの統治下において、帝政ロシア第14代皇帝にして最後の皇帝となったニコライ2世により、「フィンランドの自治権廃止宣言」を盛り込んだ詔書が署名されると、これを知ったフィンランド人の暴動が発生しました。

1904年には、フィンランド総督を務めていたロシアの軍人、ニコライ・ボブリコフが暗殺されると、「フィンランドの自治権廃止」が撤回され、1917年になるとフィンランド議会はロシア革命の混乱に乗じてロシアからの独立を宣言します。その後、フィンランド内戦を経て、1919年にはフィンランド共和国憲法が制定されます。

ノキア社は、この辺りからゴム製造会社の「フィンスカ・グミ社」、電話・電信ケーブル製造会社の「フィンランド・ケーブルワークス社」との資本関係を結ぶようになり、時を経て1967年に3社は合併して現在に至ります。

こうした経緯があって、製紙会社として設立されたノキア社は世界を代表する開発ベンダー企業へと転換していきます。

■「地力」をつけてきたフィンランド

2020年のフィンランドの最大輸出品目は「機械類」(24・2%)となっており、林業関連産業に加えIT産業も国家経済の一翼を担っています。「経済の裾野を広げた」という表現が相応しいでしょう。特にハイテク製品の輸出が伸びていて、「研究開発費の対GDP比」が2・91%と(OECD、2020年)高く、先端技術産業に力を入れていることが分かります。ちなみに、世界最大はイスラエルの5・44%です(日本は3・27%)。ノキア社の社歴を振り返っても分かるように、元々フィンランドは早い段階でIT産業が興っています。

"Mr.Watson! Come here; I want to see you!"

この言葉とともに、グラハム・ベルによって電話の実験に成功したのは1876年3月10日のこと。それから6年後の1882年には、フィンランドにて最初の電話会社が設立され、1922年にはヘルシンキに全自動電話交換局が開設されています。

かつての日本がそうであったように、電信・電話事業を国有化し、その後民営化するという流れがフィンランドにもあるかと思いきや、フィンランドは早い段階で国有化が国会で否決されたこともあり、国際競争力にさらされ地力をつけてきました。こうした背景もあって、フィンランド国民の新しい技術を積極的に取り入れる気質が見てとれます。実は、日本車をヨーロッパで最初に輸入したのはフィンランドでした。

フィンランドにてＩＴ産業が興ったもう一つの理由として、１９９１年12月のソビエト崩壊が大きく関わってきます。政治と経済は別物であり、歴史的にみると、ロシア（当時はソビエト連邦）とフィンランドの政治的関係はあまり良いものとはいえませんが、経済的な交流はありました。１９８０年代、フィンランドは地の利を活かして対ソ輸出が盛んでした。しかし１９９１年のソビエト崩壊で輸出先を失ったフィンランド経済は大打撃を被ることとなりました。輸出額は5分の1にまで減少し、フィンランドの失業率は20％に達しようかという勢いで上昇しました。

この危機的状況を改善したのが、ＩＴ産業の振興でした。**「備えあれば憂いなし」**

という言葉があるように、ピンチになってから準備しても遅いわけで、「勝っているときこそ次の一手！」を考えておかねばなりません。フィンランドは１００年にも及ぶ通信産業の歴史をもち、その中で国際競争力を付けてきた実績があります。「チャンス到来！」とばかりに、林業関連産業一辺倒の産業構造からの脱却を図ったというわけです。

歴史、国民性、時流を見極める眼、さまざまな要素が絡み合って生まれたといえます。

次項では、さらに微視的な視点でフィンランドのＩＴ産業を解説したいと思います。

「ネクスト・シリコンヴァレー」はこの国だ！ その2

前項では、フィンランドが「製紙・パルプ産業」を中心とした林業関連産業一辺倒の産業構造に、「ＩＴ産業」を加えて経済発展を目指していく話をしました。そして、ＩＴ産業が興った背景として１９９１年12月のソビエト連邦崩壊が大きく関わってくるということでした。

つまりフィンランドにとって主要な輸出相手先だったソビエト連邦の崩壊で、経済不況が訪れたため、産業構造の転換を図ったというわけです。ソビエト崩壊後の３年間で、フィンランド経済はＧＤＰがおよそ12％減少し、失業率は３％台からなんと17％台へと上昇しました。これをきっかけとして、「国家百年の計」とばかりに研究開発費の増額に踏み切り、また情報通信関連分野での規制緩和を進めていきました。これがノキア社発展の要因とされています。

さて、この項では、「微視的な視点」でフィンランドのＩＴ産業を解説していきたいと思います。

■北ヨーロッパ最大のスタートアップイベント開催！

２０２１年12月１、２日の両日、フィンランドの首都ヘルシンキにて、「スラッシュ（ＳＬＵＳＨ）」と呼ばれる北ヨーロッパ最大のスタートアップイベントが開催されました。２０２０年はコロナ禍の影響で開催されなかったこともあって、実に2年ぶりの開催となりました。

参加したスタートアップ創設者はおよそ３２００人に上り、また新しい時代を創り出すスタートアップを一目見ようと、投資家たちがおよそ１７００人集まりました。会場はさながら「技術の祭典」といった様相で、ＳａａＳ、セキュリティー、モビリティー、量子コンピューティングなど、多岐にわたる展示が並びました。

ＳａａＳとは売り主（もしくは販売業者、いわゆる「ベンダー」）がソフトウェアをクラウドサーバー上で提供し、インターネットを経由してユーザーがそのサービスを利用する仕組みです。ＳａａＳはネット環境があれば、いつでも、どこからでもアクセスできる利点があり、複数の人数で編集や管理ができます。また導入コストが小さいこと、ユーザー管理が不要なため維持費（ランニングコスト）を抑えることができます。Microsoftが提供する「Office 365」や、Googleが提供する「ドキュメント」や「スプレッドシート」などが有名です。もちろん、カスタマイズの自由度が低いといった短所もあります。

今回の「スラッシュ」でひときわ参加者の注目を集めたのが、医療・ヘルステック分野でした。参加したスタートアップの中から、オンライン事前審査で選ばれた20の組織から、決勝へ進んだ優秀賞3社は、すべて医療・ヘルステック分野の企業でした。

1．ビトロスコープ（https://www.vitroscope.no/）
・生体内に近い状態で細胞培養と観察を可能とするデバイスを開発
2．ホルモナ（https://www.hormona.io/）
・女性ホルモンのバランスを測るアプリを開発
3．ヘルピー（https://www.myhelppy.com/）
・ヘルパーのタスクや家事、家計を管理するアプリを開発

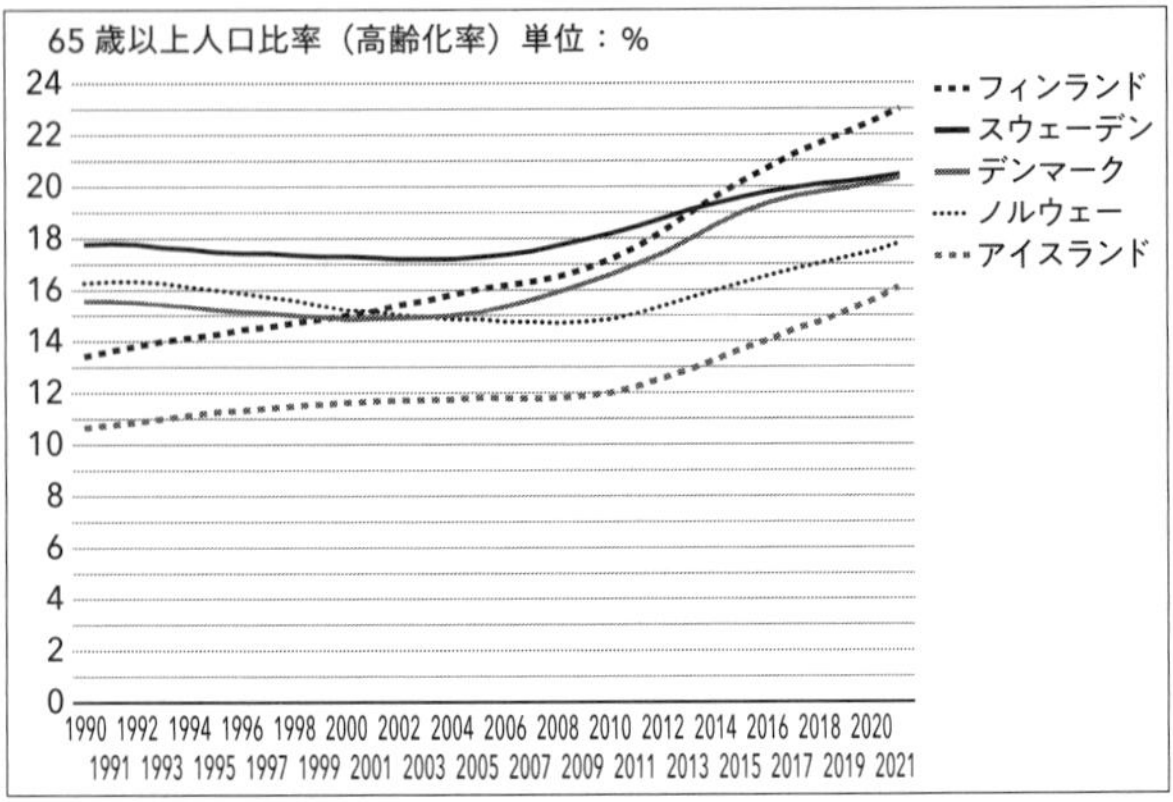

▶北ヨーロッパ諸国の老年人口割合の経年変化（出典：世界銀行）

結果的に12月2日の決勝にて、ホルモナ社が最優秀賞を受賞しました。

日本ほどではないにせよ、フィンランドに限らず北ヨーロッパ諸国は65歳以上人口比率（老年人口割合）が高い傾向にあります。一般に同指標が7％超で高齢化社会、14％超で高齢社会、21％超で超高齢社会といわれます。上図より、アイスランドが比較的低い数値のようにみえますが、14％を超えて高齢社会に突入しています。特にフィンランドは2021年で22・96％を記録して、超高齢社会へと突入しています。この数値は、日本（28・70％）、イタリア（23・61％）、ポルトガル（23・15％）に次いで、世界で4番目に高い水準です。

今回の展示会には、日本からもスタートアップ2社が参加しました。

▼ハップ（https://hap-h.jp/）
・多機能スマートウェアを開発
▼アンフィビオ（https://www.amphibio.co/）
・リサイクル可能な防水透湿テキスタイルを開発

ハップCEOの鈴木素さんは、「挑戦する側と応援する側がそれぞれ、失敗を恐れない積極性を感じた」とのコメントを残しており、閉塞感漂う日本社会にはない風土を表現していました。

■フィンランドのIT産業発展の特徴

フィンランドのIT産業発展の特徴は、ひとえに産官学協同が挙げられます。IT産業を中核としたサイエンスパークの建設、起業家支援などを進め、競争力を付けてきました。先に述べたように、フィンランドは研究開発費を増額し、特に研究

2022	2021	国・地域	2022	2021	国・地域
1位	3位	デンマーク	11位	13位	アイルランド
2位	1位	スイス	12位	9位	アラブ首長国連邦
3位	5位	シンガポール	13位	12位	ルクセンブルク
4位	2位	スウェーデン	14位	14位	カナダ
5位	7位	香港	15位	15位	ドイツ
6位	4位	オランダ	16位	21位	アイスランド
7位	8位	台湾	17位	16位	中国
8位	11位	フィンランド	18位	17位	カタール
9位	6位	ノルウェー	19位	22位	オーストラリア
10位	10位	アメリカ	20位	19位	オーストリア
			34位	31位	日本

▶2022年「世界競争力ランキング」（IMD World Competitiveness Ranking をもとに作成）

開発費の政府負担比率を高めていきました。これが功を奏したのか、１９９０年代後半にはその成果が現れ始め、研究開発費の民間負担比率が大幅に高まりました。

フィンランドのＩＴ産業発展の施策として良かった点は、研究開発に力を入れただけでなく、それを支える人材育成を同時に行ったことです。つまり教育環境の整備を重視していた点は見逃せません。スイスのローザンヌ市に拠点を置くビジネススクール、国際経営開発研究所（ＩＭＤ）が発表する、「世界競争力ランキング」によると、フィンランドは２０２２年に世界８位と、前年の11位から３つ順位を上げています。

ちなみに、2008年が15位だったことを考えると、着実にその評価が高まっていることは間違いありません。この手の指標は、ヨーロッパ人によるヨーロッパ人のためのランキングであり、日本のランキングはだいたい低かったりするのですが、それを差し引いてもフィンランドの教育水準が高いことは間違いないでしょう。

フィンランドでは、1978年まで大学の研究者と民間企業との共同研究が禁止されていたという、今では信じられないような決まり事がありました。しかし、やはり人口小国としての生きる道を本気で考えた結果、**「国益の源は技術革新によって生まれる！」**との思念に基づいて政府が研究開発を負担して産官学協同を推進してきました。それはソビエト崩壊後の財政難の時にも変わることはなく、むしろ大幅に増額されたほどです。

本来、教育支援業界に身をおく私が言ってはいけないことかもしれませんが、やはり公教育を充実させ、塾・予備校に通うことを前提としない教育環境の整備が急務といえます。もちろんそんなことをすれば、日本中で何十万人もの失業者が出ますが……。つまり教育費の民間負担があまりにも大きいため、それが少子化を加速させているという側面が確かにあるというわけです。

時は1958年、フィンランド中部に位置する、オウル市にオウル大学が設立されます。それまでのフィンランドは、首都ヘルシンキにあるヘルシンキ大学（設立1640年）を目指す若者が多く、いわゆるオウル市からの人口流出、つまり「頭脳流出」が起きていました。しかし、オウル大学の設立により、優秀な若者が地元へ残るようになったといいます。

■「北欧のシリコンヴァレー」が生まれたワケ

フィンランドのような高緯度に位置する国では、オーロラが観られます。このオーロラが発生する電離層の研究が、後に無線通信の周波数帯の研究へと発展していきました。こうして産官学協同でハイテク産業の拠点として成長し、ここへノキア社が拠点を求めてやってくるわけです。

2006年にはノキア社の携帯端末販売台数が世界シェア41％を占めるほどになり、2008年までの直近10年間、フィンランド経済の成長のおよそ25％はノキア社が牽引したといわれています。こうしてオウル市はノキア社の企業城下町へと発展していきますが、アップル社のiPhone発売以降は徐々にシェアを低下させ、ついに携帯端末事業はMicrosoft社に売却しました。こうした「ノキアショック」をきっかけに技術者たちが離職して、それぞれが起業家となって「北欧のシリコンヴァレー」と呼ばれるようになっていきます。

「携帯端末事業をMicrosoft社へ売却」という事実を「事業の失敗」と捉えるのか、「新しい時代の流れに乗って、進化するチャンスを得た」と捉えるのか、まさしく「正解は自分で決める！」が如く、フィンランド国民は「失敗は成功のもと」と前向きに捉える向きがあるようです。

「企業の誘致」「起業の支援」「国際化の波に乗る」、こうしたことに本気で取り組んでいるのがフィンランドといえます。現代を生きている人が不自由な思いをするほどに守らなければならない伝統なんてものは、伝統とはいいません。状況に応じて、幸せになるためにルールは適宜作り変えていくべきなのであって、決してルールを守ることが目的になってはいかんということです。

フィンランドでは、産官学協同の強みを観ることができます。わが国でもそういった取り組みが行われているかとは思いますが、あまりにも閉塞感が漂っており、大人たちは口を開けば「日本はダメになっている」などと悲観的なことばかり言っているわけで、それを聞いた子供たちはどう思うのかと考えてしまいます。

時代の潮流を読むことの重要性を強く感じます。ネクスト・シリコンヴァレーにフィンランドのオウル市を推す声に、日本人の誰一人として異論を唱えることはできそうもありません。

今、アメリカ南東部が熱い！なぜ、クルマを作るならアメリカなのか!?

■なぜ今、アメリカで自動車製造なのか？

利益を最大化するための手段として真っ先に考えられるのは「低コスト」でしょう。「低コスト」の中には、関税や人件費、材料費など色々考えられます。例えば、なぜ日本の自動車企業がメキシコに自動車工場を建設するかといえば、メキシコの低い賃金水準を活用する意図があることは間違いありません。

メキシコでは１９９４年から１９９６年にかけて平均年収が大幅に減少しました。その背景にあったのは「メキシコ通貨危機」です。メキシコ通貨危機とは、１９９４年末から１９９５年にかけておこったメキシコペソの暴落のことです。

さらにメキシコは、ＵＳＭＣＡ協定（アメリカ・メキシコ・カナダ協定）を含め、数多くの国と自由貿易協定（ＦＴＡ）を締結しているため輸出時の関税がかかりません。「賃金水準の低さ」「無関税」といった要素だけでなく、メキシコの人口がおよそ1億3000万人であることから、将来的に魅力ある市場へと成長するという期待感もあります。こうしたことを背景に、アメリカ自動車企業によるメキシコ進出が数多く見られます。

しかし、近年、その自動車の製造をアメリカ合衆国で行うようになっています。今回は「今、自動車製造はなぜアメリカなのか⁉」について解説します。

■世界最大の投資先、アメリカ合衆国

2020年のアメリカ合衆国の対内直接投資額は世界最大です。直接投資とは株式資本、再投資収益、その他の長期・短期資本が含まれます。ＳＮＳなどを見渡すと、大なり小なり、投資家たちはこぞって「投資するなら米国株！」と発信しています。

私もご多分に漏れず、米国株を購入しておるのですが、拙著『経済は統計から学べ！』

（ダイヤモンド社）にも書いたように、電気自動車（ＥＶ）のこれからの成長を考えると、やはりリチウムやコバルトの需要が高まることは間違いのないことだと思います。

さて、今、自動車産業は「アメリカ合衆国が熱い！」というお話を聞いたことがありますでしょうか？

アメリカ合衆国南東部といえば、かつての「三角貿易」を背景にした、アフリカ大陸ギニア湾岸沿いからの黒人奴隷貿易が行われていた場所でもあります。そのため、古くからアメリカ合衆国南東部には多くの黒人奴隷が集められて定住し、彼らが生産した綿花やサトウキビは、綿や砂糖となってヨーロッパへ輸出されていました。そして現在でもそのときの黒人たちの子孫が多く生活をしています。

この黒人たちは、アメリカ合衆国が無敵を誇った、特に１９６０年代において自動車関連産業の労働力として北部地方へ多く移動していきました。そのため、「モーターシティ」と呼ばれたデトロイトでは実に住民の80％近くが黒人で占められています。

やはり**アメリカ合衆国の強みは、広大な国土と資源、そして多くの人口を背景とした巨大な市場**です。２０１９年にアメリカ合衆国商務省が主催した「セレクトＵＳＡ投資サミット」では、「今後、市場が拡大するとされる地域は?」について、サミットに参加した企業の回答として、南部76・6％、西部51・3％、中西部29・0％、北東部28・6％の順に並びました。数値からも分かるように、特に南部、中でも「自動車・二輪車市場の伸びに期待」という意見が多かったようです。

前述のように、かつて「モーターシティ」と呼ばれたのは、北部に位置するデトロイトです。先のアンケートでゾーニングした地域でいえば「中西部」に位置していま す。早くから工業発展した地域でもありますし、生活水準が高いこともあって、人件費や生活コストの高さが顕著です。そのため、低コスト生産が可能な南東部に工場を設ける動きが増加しているようです。

こちらに関しては、１９７０年代の二度のオイルショックで北部から南部地域への工場移転が進みましたが、現在もその傾向は続いており、また国外からの投資の呼び込み要因にもなっているようです。

日本の自動車企業の進出も見られます。アラバマ州のハンツビルという町には、「マツダ・トヨタ・マニュファクチャリング・USA」の工場が建設され2021年9月から操業が開始されました。これは2017年8月のトヨタ自動車とマツダの業務提携の一環として設立された合弁会社です。資本比率は50％ずつとなっており、それぞれ年間15万台ずつ生産することを目的としています。

またハンツビルが宇宙開発計画の発祥の地であることもあって、自動車生産ラインは「アポロ」と「ディスカバリー」と名付けられています。トヨタ自動車は「カローラクロス」、マツダは「CX-50」をそれぞれ生産することとなっています。

ハンツビルに建設された工場はおよそ1000万平方メートルもの広大な敷地に建てられています。この大きさは東京ドーム216個分とのことですので、「さすがアメリカ合衆国だな！」といった感じです。山がちな日本において、これだけの敷地を確保するのは容易ではありません。

■なぜ、アラバマ州なのか？

なぜトヨタとマツダはアラバマ州を選好したのか？

実に簡単なことで、生産コストの低さが背景にあるようです。平均賃金（週給）、電気料金（キロワット時）、ガス料金（1000立方フィート）を、アラバマ州、北部代表のミシガン州、全米平均で比較すると、アラバマ州は全米平均に対して平均賃金で10・3％、電気料金で11・6％もそれぞれ低い水準です。ガス料金は全米料金よりは高いですが、北部のミシガン州より28・3％も低い水準です。

自動車は部品数が3～4万点を数えるため、組立工場の周辺には関連部品を供給するサプライヤーと呼ばれる企業が集積する傾向にあります。そこで日本の「ヨロズ」のアメリカ合衆国現地法人である「ヨロズオートモーティブアラバマ」が、アラバマ州に生産拠点を構えています。また産業用ロボットで有名な「安川電機」の現地法人「ヤスカワ」も営業を開始しています。

また東隣のジョージア州にも注目が集まっています。州都アトランタはかつてマー

▶アメリカ合衆国における住民に占める黒人の割合の州別統計
（出典：データブックオブ・ザ・ワールド2022）

ティン・ルーサー・キングJr.（キング牧師）を先頭に公民権運動が盛り上がった土地であり、現在でも黒人が多い土地柄です。さらにはCNNやコカ・コーラといった企業の本社が数多く構えられています。

またジョージア州の経済規模は全米9位となっており、経済活動が活発な州であることは間違いありません。さらには、アトランタ国際空港、南東部に位置するサバンナ港やブランズウィック港などのインフラ整備が進んでおり、国内外へのアクセス環境が良好です。こうした様々な要因から、アトランタは全米ビジネス環境ランキングで1位となっています（出所：Site Selection誌、2018年）

こうしたビジネス環境からジョージア州を選好したのが「トーヨータイヤ」です。現地法人「トーヨータイヤ ノースアメリカ マニュファクチャリング」を設立しています。

またジョージア州の投資優遇策として知られているのが「クイックスタート・プログラム」です。これは、州が費用を負担する労働訓練のことで、企業の要望に応じて最適化された訓練を実施し、採用前に従業員候補を育成するプログラムです。企業としては人材育成にかける時間を短縮できるため、事業の立ち上げからフルスロットルで操業を開始できるわけです。

「日立」の現地法人である「日立オートモティブシステムズ」も同様に、この制度を利用して現在では1000人を超える従業員を抱えるまでになりました。これは現地での雇用の創出にも繋がるため、地域経済への貢献も期待できます。現在ジョージア州では、500を超える日本企業がおよそ30000人の雇用を生んでいるという現実が、ビジネス環境の高い水準を物語っているといえます。

アメリカ合衆国の各州は、それぞれが独自色を打ち出して世界中の企業を誘致しようとしています。進出する企業はそれぞれの目的に応じて、中長期的なメリットを見いだし、アメリカ合衆国でのビジネスを成功させようとしています。

アメリカ合衆国の経済的な強さを改めて実感した次第です。

電気自動車の開発が進むと、「あの国」が注目を浴びる！

■加速する産業構造の転換

最近ではやたらと「脱炭素社会」という理念が世間を騒がせております。SDGsの17目標の一つ、「13．気候変動に具体的な対策を」にもあるように、とりわけ「炭素」が目の敵にされています。

地球温暖化が叫ばれるきっかけとなったのは、1992年の地球サミット（国連環境開発会議）だったように思います。その後、京都議定書が発効され、「先進国だけでなく、途上国にも温室効果ガスの排出削減の努力を求めよう！」とパリ協定が結ばれました。

自動車業界では、ガソリン車をなくし、電気自動車の開発を急ごうとする動きが進んでいます。電気自動車はガソリン車と比べて部品数が少ないことで知られています。そのため、電気自動車への産業構造の転換は、日本国内から雇用が失われることとなるだけでなく、**「資源小国」である日本ではエネルギー資源の海外依存がこれまで以上に進む**と考えられます。果たして、「世界の潮流はこうだから！」とそれに倣うことが、本当に日本の国益になるのかと、私は単純に疑問を抱いています。

日本自動車工業会会長であり、トヨタ自動車の豊田章男社長は、「車がすべて電気自動車になれば良いという、そんな単純なものではない」とコメントしています。★1

■世界最大のリチウム産出国、オーストラリア

まず電気自動車を作るには、電池が必要となります。それはリチウムなしでは製造できません。単純な話として、電気自動車の普及が進めば進むほど、「リチウムの安定供給」が課題となります。実際に2023年には需要が供給を上回ると考えられていますので、供給量の増大は急務といえます。

世界最大のリチウム産出量をほこるのはオーストラリアです。日本はオーストラリアから、自動車の原材料となる鉄鉱石や石炭はもちろんのこと、液化天然ガスや肉類などの輸入をしており、日本の経済発展、日本人の生活にとって必要不可欠な国です。さらに日本とオーストラリアはほぼ同経度に位置しているため、日本からオーストラリアに向かう船舶は必ず東南アジアを通過します。

つまり、東南アジア諸国との良好な外交関係も必要不可欠であるといえます。積極的な東南アジア諸国への投資が、ひいてはオーストラリアがこれからも日本にとっての重要な資源供給地となっていくということです。

もちろん、多くの人々が気づいていることですが、こういった状況を「地政学的に重要」と表現することと思います。これは「鉱産資源の埋蔵や世界における地理的位置を考慮すれば、政治的に重要な場所となりうる」ということであり、地理学的にいえば「政治地理学」なのであって、個人的には「地政学」という言葉にはどうも違和感を覚えます。日本人は、あまりにも「地政学的リスク」という言葉に落とし込んで、事象を詳細に説明できない人が多い印象があります。「分かったような分からないような……」の好例が「地政学的リスク」という言葉ではないでしょうか。

さて、オーストラリアのリチウム産出量が世界最大というお話をしましたが、実は「世界最大というより、ほとんどオーストラリアでしか産出していない」というのが現状です。一強状態というわけです。

■冷戦時代のアパルトヘイト

実は、南アフリカ共和国で行われていたアパルトヘイトの廃止には、レアメタルが関わっていることをご存じでしょうか？

レアメタルとは、「埋蔵量が少ない」、「産出しても有用な量が少ない」などの金属のことで、世界では旧ソビエト地域、中国、アフリカ大陸南部などに埋蔵が偏在しています。同じく埋蔵が偏在している原油とともに、安定供給が難しい資源の一つです。

世界で埋蔵が確認されている原油のおよそ6割がペルシア湾岸に集中していることを

考えると、中東情勢が原油の産出量、ひいては石油価格に影響を与えることは必然です。多くの人々が、これを「地政学的リスク」と呼んでいるわけです。

かつて冷戦の時代は、東西間交流があまり行われていませんでした。つまり西側諸国はソビエト連邦からのレアメタルの輸入が困難だった時代です。そこで、レアメタルの供給地として南アフリカ共和国を重要視していました。南アフリカ共和国はレアメタルを輸出する代わりに、「アパルトヘイトの黙認」を要求していました。西側諸国はアパルトヘイトを黙認し、南アフリカ共和国からレアメタルを輸入していたわけです。

しかし、東西冷戦が終結すると、西側陣営は旧ソビエト諸国からのレアメタル輸入が可能となり、南アフリカ共和国のレアメタル供給地としての重要性が低くなります。そうなると、西側諸国は手のひらを返したように「アパルトヘイトはけしからん！」とばかりに経済制裁を強めていきました。これによって、ついに南アフリカ共和国はギブアップ。アパルトヘイト廃止にいたったというわけです。

現在のオーストラリアは「多文化主義(multiculturalism)」を採用しており、白豪主義はすでに撤廃しています。最近はアボリジニー(aborigine)とは呼ばず、「オーストラリア先住民(Indigenous Australians)」などの呼称が広まっています。南アフリカ共和国のようなことはないでしょう。

■リチウムの存在場所

リチウムは海水にも含まれていますが、密度が低いため商業ベースに乗せられるだけの抽出量は期待できません。

埋蔵量から考えて、オーストラリアの競合相手国になりそうな国は、ボリビア、チリ、アルゼンチンが考えられます。これら3カ国を結ぶ「リチウムトライアングル」には塩湖が見られ、ここからリチウムが採掘されています。

ボリビアの塩原(学術的には「塩原」が正しい)といえば、ウユニ塩原が有名です。私は2018年3月にウユニ塩原に行きましたが、それはそれは言葉を失うほどの絶景でした。

南アメリカ大陸西部を縦断するアンデス山脈は、西側のナスカプレートと南アメリカ大陸を乗せた南アメリカプレートが狭まることで形成されました。２つのプレートがぶつかることで、かつては海だった場所が、海水をたたえながら隆起し、現在のアンデス山脈を形成しました。そのためこの地域には塩原が数多くみられ、リチウムの埋蔵がみられるようです。

ボリビア政府は、世界のリチウム埋蔵量のおよそ70％がウユニ塩原下にあると主張しています。ウユニ塩原はまだ世界遺産に登録されていません。よって今後は開発が進むことは容易に想像できます。開発が進む前に、ウユニ塩原を是非観に行って欲しいところですが、ボリビアの地域住民からはリチウム採掘による環境破壊を心配する声が上がっています。

ボリビアのウユニ塩原はアンデス山脈の隆起によって海水が持ち上げられてできたものであるならば、「隣国ペルーでもリチウムの埋蔵がみられるのではないだろうか？」と仮説を立てて調べてみると、ペルーには近隣諸国を上回るリチウム埋蔵量が存在しているとのことです。これを主張しているのはカナダの鉱山会社Macusani Yellowcake

社です。

資源用語に「マインライフ」というものがあり、これは「資源が枯渇するまでの操業期間」を意味します。つまり「鉱山寿命」という意味です。ペルーでのリチウム採掘のマインライフは、54年になるとの見通しがあるようで、これが「54年分も!?」なのか、「たった54年分……」となるかは、まだ未知数といえます。

■ESG課題とは？

SDGsに関連して、ESG課題というものがあります。これは2006年に当時の国連事務総長が金融業界に対して「投資家は、自らの投資によって環境や社会への責任を考えるべきである」と提言しました。つまり、投資の際には「環境(Environment)」、「社会(Social)」、「管理体制(Governance)」を意識しようということで、これは「ESG課題」と呼ばれています。個人だけでなく企業の取り組みにも反映されるようになりました。ESG課題への取り組みを怠ることは、その企業への悪い評価へと繋がりかねないと考えられているわけです。世界的に「脱炭素社会」の構築を目指しているときに、ガソリン車にこだわることは企業活動にとってマイナスになりかねないということです。

こうしたことを背景にBMWは「オーストラリア産リチウム」を使用することを明言しており、自社の「サスティナビリティ」、つまり持続可能な開発への貢献度をアピールしています。

特定の国や地域での産出がみられる場合、鉱山開発のための投資が行われるのが常ですが、なかなかそれは難しいようです。南アメリカのリチウムトライアングルを考えれば、まだまだ近い将来の話ではなさそうです。

■オーストラリアの石炭産業

電気自動車の開発・普及が進むとともにリチウム需要が急増し、資源供給地としてのオーストラリアの重要性が増します。

そこでオーストラリアでは、それまで石炭を採掘していた鉱山従事者がリチウムを採掘するようになっています。すべては「エコ」「気候変動」「環境保護」など、実に耳に心地の良い言葉の前には、個人の持つ理念や信条はねじ伏せられてしまうのが現実です。

オーストラリアの石炭採掘業者にとって、石炭への愛着があります。長年、オーストラリアの経済を支え、電力を支えている資源です。オーストラリアは今もなお、石炭火力発電が中心の国です。確かに1人あたり二酸化炭素排出量が多い国ではありますが、人口規模が2500万人程度と小さく、国としての二酸化炭素排出量はそれほど多くはありません。オーストラリアの人たちにすれば「俺たちってそんなに二酸化炭素を出していないのに、なぜ愛着ある石炭採掘を止めてリチウムを掘らねばならんのだ？」との想いがあるでしょう。

「正しい行動」とは一体何なのか？　豊田章男社長の立場では「雇用を守り、日本経済を盛り上げていくこと」でしょう。環境保護団体の立場では、「脱炭素社会」の構築でしょう。

日本で電気自動車の開発を行ってもカーボンニュートラルにはなりませんし、個人的にはカーボンニュートラルはヨーロッパ諸国が仕掛けた「トラップ」であると思っています。

★1 「車はすべてEVに」なんて単純じゃない!? 豊田章男会長が語る 震災復興とカーボンニュートラルの真意
https://bestcarweb.jp/news/259288

どうなる「半導体」争奪戦!?

——「過渡期」にある自動車業界

トヨタ自動車は2021年夏から減産が続いています。販売会社では新車不足が深刻化、受注を停止する車種が出ています。もちろん納期遅れもあるようです。背景要因として、コロナ禍で供給元である東南アジアでの生産不足、さらには利益率の低さから自動車向け半導体の生産を段階的に減らしていく方向にあることなどが考えられるようです。つまり自動車会社としては、「短期的な供給不足の解消」と「中長期的な供給網の構築」が目下の課題となっているわけです。

そんな中、私は2021年7月頭に新車を購入しました。同年6月30日に『経済は統計から学べ!』(ダイヤモンド社)を発行したこともあり、景気づけにと13年半乗ってきたオーリスから、カローラスポーツへと乗り換えることとしました。自動車に詳しい方は「あっ!」と気づくと思いますが、現行のカローラスポーツとは本を正せばオーリスですので、結局は「オーリスに乗り続ける」わけです。納車は10月10日、カローラスポーツの名前に相応しく、「旧・体育の日」としてもらいました。

さて、購入のさいにディーラーで言われたのが、「半導体不足なため、納車はできるが、カーナビ機能に関しては後日改めて取り付けを行わせていただきたい」でした。聞けば、レクサスなどは、契約は好調であるものの納車が半年〜3年待ちという状況が続いていて、もはや買ったことすら忘れるのではないかという状況のようです。

コロナ禍で「巣ごもり」が進んだことで、自炊をする機会が増えました。それにともなってSHARPのホットクック（私も持っていますが実に便利！）などの売上が好調とのことです。つまり、**自動車需要の低迷を懸念した相次ぐ半導体の発注キャンセルが発生し、それによって浮いた生産能力を電気製品の製造会社が取り込んだこと**が、自動車や自動車部品での半導体不足を生じさせたようです。

日本は、資源小国であるため原油や天然ガス、石炭、鉄鉱石などありとあらゆる鉱産資源を輸入しています。貴重な鉱産資源から付加価値を得るために、技術水準を高める努力をしてきました。これらの鉱産資源はペルシア湾岸諸国やオーストラリアなどから輸送されてくるため、その船は必ず東南アジアを通過します。よって、日本が絶対に敵対してはならない地域の一つが東南アジア諸国なのです。

自動車に使われている半導体は、マイクロコントローラー（マイコン）と呼ばれる旧型の物が多く、それらはエンジンやエアバッグなど、自動車機能を電子制御するために使われてきたもので、非常にコストが安いことから利用されてきました。しかし半導体製造会社はマイコンの製造割合が小さいため、自動車業界があおりを食うこととなっているようです。コストが安いということは、利益率が低いということであり、自動車業界が「瀕死の重傷を負っている」からといって、生産拡大をするという選択肢はほとんどないようです。

■過渡期だからこそ「読む力」が試される

「半導体不足だ！　ナントカせねば！」というのは、コロナ禍が落ち着いたからといって以前の状況を取り戻せるかというと、状況はそんなに簡単ではないらしいということです。つまり構造的な問題であり、制度疲労を起こしているといっても良いのかもしれません。自動車会社による半導体争奪戦が勃発する懸念があります。

教科書で勉強する歴史というのは、さも世の中がガラリ一変したかのように記述されていますが、実際は過渡期が必ずあるものです。現代世界は、完全なる過渡期にあり、それがコロナ禍で予想より早くあぶり出された感があります。そのため、「10年後の世界はこうなる！」といった未来予想図の書籍が流行っているのも理解できる話です。

過渡期だからこそ、情報が錯綜します。錯綜するからこそ、読む力が試されます。

分析をするためには、土台となる知識が要るわけです。私ももっともっとアンテナを張って勉強していきたいなと思う次第です。知的好奇心を満たすって、最高の娯楽じゃないですか？

中国経済のこれからを考える
――「敵」の多い中国はどう動くか

２０２１年9月16日、中国が「環太平洋パートナーシップに関する包括的及び先進的な協定（ＣＰＴＰＰ）」への加入申請を正式に発表しました。

環太平洋パートナーシップ（ＴＰＰ）とは、２０１６年2月4日に署名されているのですが、現在は日本とニュージーランド（ＮＺ）以外は未だ批准していないため、未発効のままでした。当初は日本をはじめ、アメリカ合衆国、カナダ、メキシコ、チリ、ペルー、オーストラリア、ニュージーランド、シンガポール、マレーシア、ベトナム、ブルネイの12カ国で署名されたのですが、２０１７年１月にアメリカ合衆国が脱退しました。

この内容に関しては、拙著『経済は地理から学べ！』の帯に、「なぜ、トランプ大統領はＴＰＰから離脱するのか？」と書いたほどで、２０１７年に発売された書籍ですが、詳しく稿を起こしています。

アメリカ合衆国の離脱後は、残った11カ国によって２０１７年5月に復活させ、２０１８年に合意。２０１８年3月8日に署名され、同年12月30日に発効されました。これが「環太平洋パートナーシップに関する包括的及び先進的な協定」です。11カ国間の貿易協定でもあるため、別名「ＴＰＰ11」とも呼ばれています。ＣＰＴＰＰの経済規模は、「新ＮＡＦＴＡ」とも呼ばれる「アメリカ合衆国、メキシコ合衆国及びカナダとの協定（ＵＳＭＣＡ）」や「欧州連合（ＥＵ）」に次ぐ市場規模を持っています。

そこへ中国が「僕も混ぜてー」とやってきたわけです。そもそも中国は２０２０年11月のＡＰＥＣ首脳会議にて、「ＣＰＴＰＰの加入を前向きに検討するぞ！」と表明し、また２０２１年の3月には「今、ＣＰＴＰＰの条項を分析してるでー」と言明していました。

これを受けて、オーストラリアは２０２１年9月22日に「加入したければ、

CPTPPの要件を満たし、かつWTOなどの既存の貿易協定における約束事も遵守する必要があるぜ！　オーストラリアはそれに向けての中国との建設的な関係を築く用意があるぜ！」との見解を示しました。面白いのが、その時点で中国がオーストラリア産大麦やワインなどに追加関税をかけ、両国がWTOで争っている状況だった中で出された見解ということです。さらに、中国はオーストラリア産石炭の輸入を制限、牛肉輸入の停止なども実施しており、両国の関係は完全に冷え切っている中での話しです。

つまり、オーストラリアは「ひょっとすると、中国との関係を一旦リセットできるんじゃね？」と思っている節があるのかもしれません。知らんけど。

世界銀行の「世界開発指標」では、「一人あたり国民総所得」を使って、世界の国々を「高所得国家（12536ドル以上）」「中所得国家（上位）（4046〜12535ドル）」「中所得国家（下位）（1036〜4045ドル）」「低所得国家（1035ドル以下）」の4つに分類しています（2019年）。これによると、オーストラリアの2019年の一人あたり国民総所得は55100ドルですので、「高所得国家」ということになりますので、「先進国」と捉えて良いでしょう。

一般に「先進国」とは「先進工業国」や「先進農業国」といった意味で使われることがあり、特に「先進工業国」という意味合いが強い言葉です。しかし、オーストラリアの輸出品目の上位は、「鉄鉱石」「石炭」「天然ガス」「金（非貨幣用）」「肉類」といった一次産品で占められています。「原材料・燃料」が輸出額の68・90％（2020年）を占めていますので、「先進工業国」と呼ぶには相応しくありません。強いていうならば「先進鉱業国」といったところでしょうか。

そんなオーストラリアの最大輸出相手国が中国となっており、鉄鉱石や石炭の主要輸出相手先なわけですから、「一旦リセットできるかも!?」と考えたくなるのもうなずけます。これからも、中国市場を取り込むことは経済成長にとって重要な要素といえます。

しかし、中国の加入を歓迎しない国も存在します。もちろん台湾です。あえて「国」と称しました。台湾へ旅行すると分かりますが、入国審査場ではパスポートに「中華民国」と書かれたスタンプを押されます。日本政府が国家と認めていないだけであって、台湾、つまり中華民国は「国民、主権、領域」を持った、立派な国家です。

今回、中国の加入申請以前に台湾も加入の申請をしていました。そして中国は、台湾の加入申請に強く反対の意を表明しています。ＴＰＰの時代には、アメリカ合衆国が参加していたこともあって、またアメリカ合衆国のアジア・太平洋地域での影響力強化、つまり「中国の締め出し」が目的の一つでした。しかし、そのアメリカ合衆国はいません。現在ＣＰＴＰＰを主導しているのは日本です。日本経済は中国市場への依存度が高い状態を考えれば、中国が「我々の加入を日本は呑まざるを得ないだろう、うっしっし」と高をくくっているのは容易に想像できます。

しかし、逆をいえば中国経済の崩壊が近いのかもしれません。近いと分かっているからこそ、他国に圧力をかけるが如くの態度を示すのではないでしょうか。それを考えれば日本も舐められたものです。

■「中所得国の罠」とは？

2021年から何かとお騒がせしているのが、深圳（シェンチェン）の中国恒大集団（チャイナエバーグランデグループ）です。これはまさしく中国経済の縮図のようでもあります。そもそも中国の経済モデルは、安価で豊富な労働力を活用して「世界の工場」となるべく、積極的な外資の導入によって成り立ってきました。中国の一人あたり国民総所得は10390ドル（2019年）ですので「中所得国家（上位）」に分類されます。

「中所得国の罠」という言葉があって、これは中所得国にまでは経済成長するも、その後の成長は鈍化し、高所得国には届かない状態をいいます。これを回避するには新たな経済モデルへと転換する必要があります。アジア地域では、日本や韓国、シンガポールなどが「中所得国の罠」を脱して、高所得国になりました。

中国は、1978年に「改革開放路線」へと転換し、社会主義市場経済へと移行しました。重厚長大型産業やインフラ事業などは国有企業が担い、軽工業や小売業などは民間企業の参入を認める「二重構造」を敷いてきました。また1954年には、厳格な戸籍管理制度を導入し、「農村戸籍」と「都市戸籍」を作り、居住の自由がなくなりました。

現在の中国を「中所得国の罠」から脱したと見る向きもあるかもしれません。しかし近年の経済成長や長年の一人っ子政策による労働力不足などを背景に、もはや中国の労働力は安価とはいえなくなっています。人口ボーナスはなくなり、今後は、「安く大量に作って、世界市場へ売る！」という経済モデルが以前ほど通用しなくなっていくでしょう。

さすれば、**労働集約型産業よりは資本集約型産業にシフトチェンジする必要があるわけで、それには技術革新が必要**となります。技術革新には、どうしても特許などの法的問題が発生するわけで、国際法を無視しまくってきた中国が先進国と歩調を合わせることができるか疑問が残ります。つまり、中国政府の介入はなるべく減らしていく必要があるわけです。そういう意味でも、今回の中国恒大集団の問題は、起こるべくして起きたのかもしれません。

しかし、やはりアメリカ合衆国は一筋縄ではいかない国です。オーストラリアに対して原子力潜水艦の建造技術の供与をしました。これでオーストラリアは原子力潜水艦を8隻建造することとなります。もちろん狙いは中国に対する制海権の強化でしょう。オーストラリアの地理的位置を考えれば、太平洋だけでなく、インド洋における中国の進出の抑止力にもなります。実に上手いやり方です。原子力潜水艦8隻の運用は、これから10年かけて進められるようですが、アメリカ合衆国は実に「遠くを見て」戦略を立てています。これによってフランスがブチ切れたのは第1章で述べた通りです。

実は中国が保有する潜水艦は62隻と、アメリカ合衆国の52隻よりも多いのですが、原子力潜水艦はたったの7隻しかありません。一方のアメリカ合衆国はすべてが原子力潜水艦です。つまり、海軍の規模でいえば肩を並べているといえるでしょうが、中身はアメリカ合衆国が圧倒しています。

一言で、中国は「やりすぎた」といえるでしょう。あまりにも敵が多すぎます。日本は「中国を上手く利用する」という狡猾的な選択ができる人物にこそリーダーでいて欲しいなと思います。

第3章

地理で「世界の農業」を読み解く

今、世界市場では「小麦」の奪い合いが起きている!?

ロシアのウクライナ侵略によって、小麦の供給量が減少し、それが価格高騰を招いているという話をちらほら見聞きします。

それもそのはず、ロシアとウクライナは小麦の生産、輸出が盛んな国であり、世界の小麦市場に与える影響が非常に大きいことが背景にあります。FAO（国連食糧農業機関）が発表した2020年統計によると、小麦の生産量はロシアが世界3位（11・3％）、ウクライナ世界8位（3・3％）となっており、また同機関による2019年統計によれば、小麦の輸出量はロシアが世界1位（17・8％）、ウクライナが世界5位（7・4％）を占めています。

生産統計と輸出統計で年次が違うとはいえ、両国の合計でみれば、小麦の生産量は14・6％、輸出量は25・2％もの世界シェアを有していることとなります。世界市場に与える影響が大きいのもうなずけますね。

■小麦の栽培条件

一般的にいわれる小麦の栽培条件は、①成長期に13℃以上（冷涼な環境）、②年降水量500〜800㎜（半乾燥）が最適とされています。つまり、日本のような夏のモンスーン（季節風）の影響を受けて、高温多雨となるような気候下には向かない穀物です。実際に、日本で最大の小麦の生産量が、冷涼な北海道であることからもそれが理解できます。

ロシアは国土のほとんどが北緯50度以北に位置しており、またウクライナは国土の中央を北緯50度が通過します。このことから見ても、両国が冷涼な気候を示すことが理解できます。

次頁の図は、世界の小麦生産国の世界上位15カ国を示した図形表現図（事象の大小を図形の大小で表現した図）です。これを見ても分かる通り、赤道周辺国やモンスーンの影響が強く高温多雨の気候を示すアジアの地域が生産上位国では無いことが分かります。またアフリカでの生産量は世界的に見ても少なく、それでいて全大陸のうち最も人口増加の割合が大きいこともあって、ますます食料不足の危険性が高まる地域です。

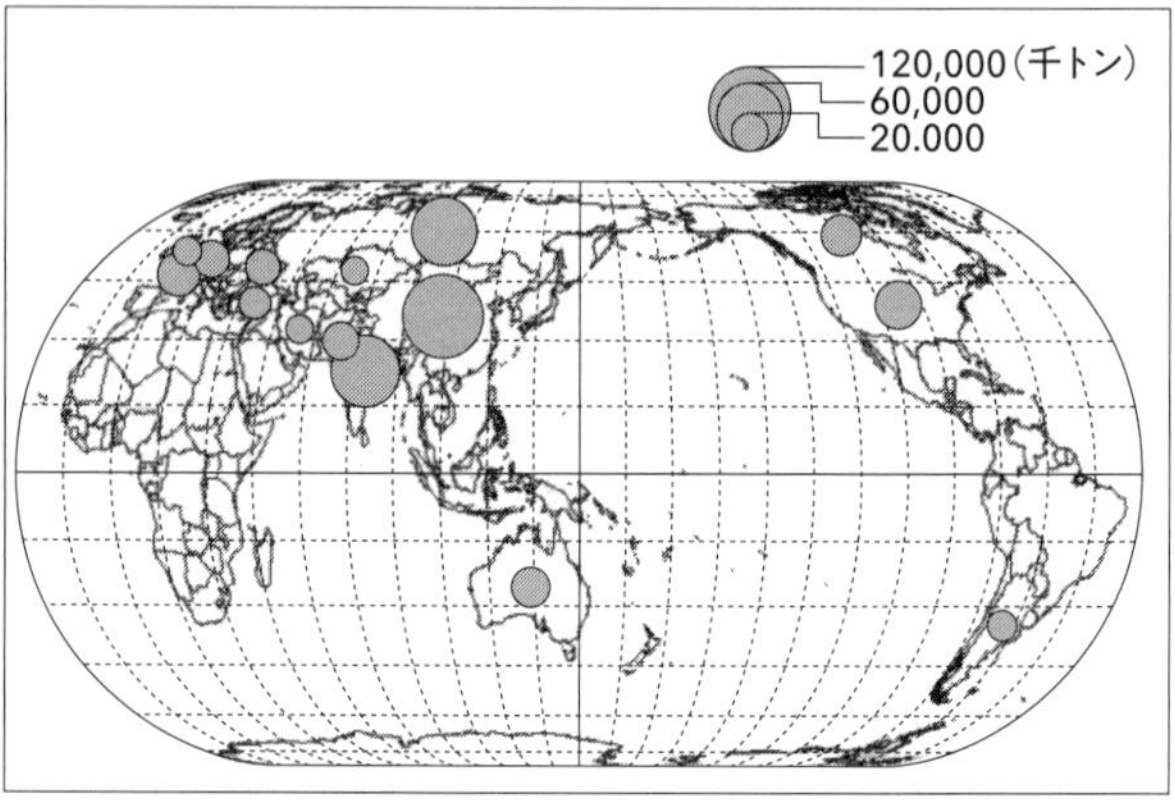

▶世界の小麦生産量（FAO、2021をもとに作成）

また小麦は栽培時期によって、「春小麦」と「冬小麦」の二つに分けることができます。春小麦とは、「春に種を蒔いて、夏を越えて、（冬が訪れる前に）秋に収穫する」小麦です。冬を越すことができないほど寒冷な地域で栽培されるのが春小麦です。一方の冬小麦は、「秋に種を蒔いて、冬を越えて、夏に収穫する」小麦です。冬を越すことができるほど温暖な地域で栽培されるのが冬小麦です。

ちなみに、南半球の国々は12〜2月に収穫が集中します。というのも、南半球には亜寒帯（冷帯）気候が存在しないため、基本的に越冬可能な冬小麦が栽培されます。冬小麦の収穫時期は夏であり、南半球の夏は12〜2月ですから、容易に判別がつきます。

ちなみに、稲は①成長期に20℃以上（温暖な環境）、②年降水量１０００mm以上（多雨）な環境を好むため、モンスーンの影響を受けて高温多雨となるモンスーンアジア（モンスーンの影響が強いアジア地域のことで、モンゴルや中国西部、パキスタンなどを除いた東・東南・南アジアを指す）での生産が盛んです。

モンスーンアジア地域は多雨であり、また山がちな地形を示すため、流れる河川の河床勾配が大きく、上流で侵食された土砂が下流域にまで運ばれて堆積すると、そこに三角州（デルタ）を形成します。モンスーンアジアを流れる大河川はほとんど例外なく、下流域に三角州が形成されて、稲作が営まれています。ちなみに、米とは稲の果実のことです。

■意外に多い、ウクライナとロシアから小麦を輸入する国

ウクライナとロシアにとっての黒海とは、小麦を輸出する重要な拠点となる地域です。

ウクライナもロシアも最大の輸出相手国はエジプトです。エジプトは人口が１億人を超えており、エジプトの国民食である「コシャリ」などを食べる食文化を考えると、

小麦需要が非常に大きいことが分かります。そんな目と鼻の先に位置し、需要の大きいエジプトをお得意様にしない手はありませんので、ウクライナとロシアは、エジプトへの小麦輸出を進めてきました。

もちろん黒海と地中海を結ぶボスポラス海峡とダーダネルス海峡の存在を考えれば、トルコとの関係を良好に保っておく必要があることはいうまでもありません。モントルー条約によって、両海峡の主権はトルコが持つことが決められています。

ウクライナとロシア、両国の目線で語ってきましたが、ここでは小麦を輸入するエジプト目線で考えてみましょう。

ロシアのウクライナ侵略において、農場は戦場と化し、挙げ句の果てには小麦の輸出港であるオデーサ（オデッサ）がほとんど機能していないことを考えると、市場からウクライナ産小麦が減少していることは明らかです。もちろん、両国産の小麦が市場から減少することを考えれば、小麦を主食とする国々は、安定した小麦の供給を目指して奔走することとなります。

特に、エジプトのような小麦需要が大きい割に生産量が少ない国では、輸入することで供給するのですが、これまでの主要な輸入先が渦中のウクライナとロシアであったことを考えれば、代替輸入先を見つけるのは至極当然のことです。

実は、ウクライナ侵略が発生して以来、早くも2022年3月頭にはエジプトは小麦の安定供給を目指して行動に移していました。これまでのウクライナやロシアからではなく、アメリカ合衆国からの輸入を増やそうとしており、三井物産傘下のアメリカ穀物輸出企業、ユナイテッドグレイン社に対して、エジプトから小麦の注文が届いていたそうです。

ユナイテッドグレイン社の本社はアメリカ合衆国ワシントン州にあるため、そこから出た貨物船はカリフォルニア半島（メキシコ領）を経由して、パナマ運河を通過、カリブ海から大西洋、そしてジブラルタル海峡を通過して地中海に入り、そしてエジプトへと接続します。その距離は、およそ19000㎞にも及ぶため、ほとんど「地球の真裏」に行くようなものです。

もちろん、ウクライナやロシアから輸入するよりも、はるかに時間と経費がかかるわけですが、背に腹はかえられないとばかりに注文したようです。

先述のようにウクライナとロシアの輸出割合は世界シェアで25・2％を占めていることから、代替輸入先を探すのは困難です。ましてや、ウクライナ侵略が長引けば春小麦の収穫がままならず、2023年も需要と供給のバランスは崩れたままとなり、小麦不足が長期化することは火を見るより明らかです。

もちろん不足すれば価格が高騰しますので、ウクライナとロシアの主要輸出先である、エジプト、イラン、トルコといった国では小麦価格の高騰、ひいてはその怒りの矛先が政府に向かうことにもなりかねません。２０１３年にチュニジアで発生した「アラブの春」も結局は、小麦価格の高騰が遠因だったといわれています。

実際にＦＡＯはウクライナ侵略が２０２２年夏まで続いた場合は22％もの価格の高騰を招き、ウクライナとロシアの２０２３年の小麦輸出量は60％減少すると試算していました。

また同じくＦＡＯの試算では、ウクライナとロシアの両国産の小麦輸入量が、全輸入量に対して30％以上を占める国が、世界には50カ国もあるとのことで、先述のエジプト、イラン、トルコに加えて、バングラデシュの４カ国はなんと60％を超えています。

■黒海は重要な小麦の流通ルート

ロシアのウクライナ侵略によって、ウクライナの主要港であるオデーサ（オデッサ）

がほとんど機能しなくなったこともあり、エジプトはロシアからの輸入量をこれまで以上に増やしました。2022年3月のエジプトのロシアからの小麦輸入量は、前年3月と比べて580％も増加しました。つまり、およそ7倍になったということです。そして、イランやトルコもまた2倍近くにまで増加しました。

しかし、これはこれから訪れるであろう小麦の供給不足を前にした「買いあさり」のようにしかみえません。それくらい、黒海は重要な小麦の流通ルートであるということです。

世界的に供給不足となったことを背景に、例えばアイルランドなどでは、国内生産量を増やすべく、早速政治が動いて作付け奨励に関する補助金プログラムを導入しました。一方「どこかのアジアの島国」は、このコロナ禍においても「プライマリーバランスを黒字化！」の姿勢を崩さず、戦略も戦術もちぐはぐな状況を見せています。

アメリカ合衆国においても、穀物生産の促進を目指した補助金5億ドルを議会に諮りました。私は2月のロシアのウクライナ侵略開始によって、両国の小麦供給量が減少し、供給先が分散化されるとなれば、やはりアメリカ合衆国の穀物メジャーに目が行くだろうと思いました。そこで、穀物メジャーとして括られる穀物企業のうち、上場している企業の一つ、アーチャー・ダニエルズ・ミッドランド（ADM）のチャートに注目したところ、2月からだいぶ株価が上昇傾向にあります。

市場というのは実に正直なものです。ロシアが世界最大級の原油と天然ガスの輸出国であるため、世界市場における供給量が減少すれば、原発回帰へと舵を切る必要が出てくるわけで、それを考えてウラン関係企業の株価を眺めてみると、やっぱり上昇傾向にあります。

■今、世界はインドを見ている！　しかし……

インドは、小麦の生産量が世界第2位をほこる国です。小麦だけでなく、米やジャガイモといった農作物の生産量も多く、膨大な農作物が13億7000万人もの人口を支えています。

国内需要が大きいため、その国内消費量を考慮すれば、インドの小麦の輸出余力はほとんどないはずですが、供給不足を商機と思ったのか、輸出余力の拡大を目指して小麦の収穫量を増加させようとしています。2022年のインドの小麦の輸出量は前年比でかなり伸びそうだと、インド国内から予想する声が上がっているそうです。

実際には、2022年4月にはトルコとインドネシアに対して小麦を出荷するための準備が始まったといいます。しかし、インドからの小麦輸出の拡大には課題が山積しています。それは何か?

これは国土面積が広大な国では「あるある話」なのですが、**生産者、輸出業者が必ずしも沿岸部に存在しているわけではない**ということです。インドは、夏の南西モンスーンの影響を強く受けるため、インド半島の南西部、そしてヒマラヤ山脈の南側で降水量が多くなり、そこは大稲作地帯となります。そして、それ以外の地域で小麦や綿花などの生産が盛んに行われています。

ここから積み出し港まで運ばれるのですが、元々国内供給を念頭においたインフラ整備を進めてきたこともあり、鉄道輸送容量には限度というものがあります。「インド」という一つの人格が存在するわけではないので、インド国内の事情が色濃く反映される話です。

果たして、世界の小麦市場において不足した供給量をインド産で埋め合わせられるかは、まだまだ未知数といえます。

アメリカ合衆国は、2021年秋に種を蒔いた冬小麦の収穫が始まりますが、干ばつの影響が大きかったこともあり、２０２２年夏はかなり収穫量が減るだろうと考えられています。さらに、アメリカ合衆国ではより収益性の高い農作物への転換が進んでいて、大豆やトウモロコシなどの栽培面積が増えた分、小麦の作付面積は減少傾向にあります。そのため２０２２年春の春小麦の作付面積は２０２１年比で２％も減少しています。

つまり、ロシアのウクライナ侵略によって減少した供給量を、どこかの国からの供給で埋め合わせようとしても、インドにはインドの、アメリカ合衆国にはアメリカ合衆国の国内事情があり、それはほとんど困難な状態にあるようです。

日本の主な小麦の輸入先は、２０１６〜２０２０年の5年平均を見ると、アメリカ合衆国（49・８％）、カナダ（33・４％）、オーストラリア（16・８％）の３カ国で占められているため、すぐには大きな影響はないと思われますし、カナダ（およそ３７００万人）とオーストラリア（およそ２５００万人）の人口規模を考えると、輸出余力が急減することは考えられません。

しかし、結局のところ、**経済は土地と資源の奪い合い**である以上、先行きが不透明であることは想像に難くありません。

「小麦」をめぐる仁義なき戦い

――ロシアの穀物輸出①

前項の冒頭で書いたように、現在、ロシアは世界最大の小麦の輸出量をほこる国です。しかし、1991年に旧ソビエト連邦が崩壊以降、ロシアの小麦の生産、輸出が順調に伸びたわけではありませんでした。今回は、旧ソビエト崩壊後のロシア穀物に関連するお話を、年を追って解説したいと思います。

■ソビエト時代から崩壊後の穀物供給

ソビエト連邦時代、ウラジーミル・レーニンの死去にともない、スターリン体制が強化されると、土地が没収され国有化されていきます。このとき、コルホーズ（集団農場）とソフホーズ（国営農場）の2つの形態が組織されていて、社会主義体制の下、農業の集団化が進められていきました。

しかし、歴代のソビエト指導者たちが頭を悩ませたように、集団化された農業では農民の生産意欲は低かったといいます。それもそのはずで、資本主義のように成果に応じて給料が増えていく経済の仕組みではありません。私有財産を認めず「みな平等」という経済の仕組みが社会主義ですから、生産意欲が高まるはずはありません。社会主義国家は必ずといっていいほど「自滅の刃」の道を辿るものですが、後にソビエト連邦がその初端となっていきます。

そもそも歴史を紐解くと、「社会主義」は時の権力者たちが独裁政治を執るための道具にしか過ぎず、結局は国民が疲弊していきました。ソビエト連邦しかり、北朝鮮やベネズエラしかりです。そこで、部分的に資本主義経済を取り入れて「社会主義市場経済」という経済体制を創り出したのが、中国やベトナム、そしてベラルーシです。上手く国民感情を操作しているといえます。

さて、ソビエト連邦が崩壊すると、コルホーズやソフホーズは解体され、ロシアは市場経済を導入していきます。しかし、ロシアは国土が広大です。日本の国土面積の45倍もの広さを有しています。また集団化された農場では自給自足を基本としていたことなどから、全国的な流通システムは確立していませんでした。

ロシアの地勢をみると、一般的に東経60度に沿って縦断するウラル山脈を基点にして東側が「シベリア」、西側が「ヨーロッパロシア」とそれぞれ呼ばれます。国土のほぼ全域が北緯50度以北に位置しているため、非常に寒冷な気候環境を有しています。またシベリアのように大陸東部に向かえば向かうほど、偏西風の影響が弱くなって冬季の降水量が極端に少なくなり、凍てつくほどの冷たい風が吹き付けます。また東シベリアは環太平洋造山帯下に位置して山岳地帯が広がるため居住するのが大変困難な地域です。

こうしたことから、ロシア人の多くがヨーロッパロシアに居住しています。しかし、先述の通り、穀物の全国的な流通システムが整っていなかったことから、ヨーロッパロシア地域では穀物を中心とした農産物の輸入依存度が高い傾向にありました。

そのため、旧ソビエト時代は世界有数の穀物輸入国であり、また世界の穀物需給に大きな影響を及ぼしていました。特に畜産業における飼料穀物の輸入量が大きかったといいます。しかし、ソビエト連邦の崩壊によって経済が停滞し、肉類の需要が減退していくと、畜産業が壊滅的な状況へと追いやられてしまいます。

そんなロシアでしたが、一転して２０００年代に入ると、小麦の輸出国として世界市場に大きな影響を与えるようになっていきました。つまり、ロシアは小麦を中心とした穀物輸出の拡大と畜産業の生産・輸出の拡大という両立を目指すこととなります。

■1990年代末のルーブル安

1998年8月17日、ロシアは対外債務90日間支払い停止とルーブル建て短期国債の債務不履行を発表しました。1998年当時のロシアは、アメリカ合衆国の米ドルに固定させるドルペッグ制を採用していました。

1991年12月にソビエト連邦が崩壊した後、ロシアは資本主義国家へと移行しました。しかし社会主義とは私有財産を認めない経済の仕組みなので、競争に晒されることなく技術水準の向上が望めません。そのため、ロシアが世界市場へ向けて供給できるものとしては、原油や天然ガス、木材、レアメタルなどの鉱産資源しかありませんでした。

当時のロシアは輸出額のおよそ半分がこれらの鉱産資源であったため、世界経済の影響をもろに受ける構図となっていました。経済が悪化すれば製品が売れなくなり、その原材料の需要が小さくなるものです。

そして、原油価格が下落したことをきっかけに、ロシア財政は極端に悪化していきました。これによって通貨ルーブルの価値が下落し、ルーブル安となっていきます。さらに前年の１９９７年に発生したアジア通貨危機によって輸出品の価格はさらに下落して、ロシア経済はいっそう悪化していきました。多くの投資家たちがロシアから資金を引き揚げたことで、事態は深刻化していきます。

当時大統領であったボリス・エリツィンは、資本の流出を止め、国債を償還させるために、１５０％の超高金利政策を打ち出していきますが、結局は原油価格の低迷によってロシア経済の改善が促されることはなく、ルーブルを買い支えて価値を維持しようにも外貨準備高が底をついてしまったため、それも不可能となりました。

結局、ロシア経済の破綻が世界の金融市場へ与える影響が大きいとみたアメリカ合衆国が、２２６億ドルにも及ぶ緊急支援を行います。しかし、これでも事態が好転することはなく、ルーブル安が続いて、負債の利子を返す為に新たに借金をする必要が生じていました。

こうした背景があって、１９９8年8月17日に対外債務の90日間支払い停止を発表することとなりました。こうなると、ロシア国民自らルーブルをドルに両替しようとしたため、さらにルーブルの価値が下落、ルーブル安となっていきます。世界経済の悪化については、１９９７年のアジア通貨危機からの余波と考えられています。

当時は、世界経済へ与える影響が大きいとされたこともあって、「世界がロシアの味方をした」わけですが、現在はウクライナ侵略を背景にボラティリティーが大きいこともあって、世界市場がロシアを支援するなどという動きは全く期待できそうもありません。一応、ロシアはＩＭＦに対して、特別引き出し権を２４０億ドル相当持っていて、米ドル、ユーロ、ポンド、人民元、円と交換することができます。しかし、これだけの金融制裁を受けている状況下においては、交換できるのは人民元だけと考えられます。

こうしたことから、先進工業国やＩＭＦからの支援を受けられる状況にはなく、ロシアがお金を借りている海外の債権者との交渉も当面は実施されないと考えられます。開戦直後、もはやロシアを助けられるのは中国しかおらず、完全に四面楚歌状態になったといえる状況でした。

穀物輸出大国への道

——ロシアの穀物輸出②

前項にて、ロシアは1990年代のルーブル安を背景に穀物輸出を伸ばし、特に2000年代に入ってから、それまでの穀物輸入国から穀物輸出国へ転じた話を解説しました。

■「輸出余力」とは何か？

輸出量が多いことは「＝生産量が多い」ではなく、厳密には輸出入量も考慮しなければなりませんが「生産量－国内消費量」の値が大きい国で輸出量が多くなる傾向にあります。この値が大きいことを、「輸出余力が大きい」と表現します。つまり、ロシアの穀物輸出が伸びた背景として、国内消費量以上に生産量が増加したと考えるところから始まります。食肉の生産は家畜を飼育することによって実現されるため、家畜を飼育するための飼料が必要となります。一般に牛肉1kgを生産するために、個体差があるので、トウモロコシは8～11kg必要とされます。

1991年のソビエト連邦崩壊によって経済的に大打撃を受けて食肉需要が減退しました。これによりロシアの畜産業は低迷しましたが、経済が上向いて生活水準が向上すると、再び食肉需要、ひいては飼料用穀物の需要がそれぞれ増大します。先述のように、飼料作物は大量に必要なため、ロシア経済の回復は穀物の国内需要の増大に繋がり、国内消費量が増加して輸出余力は大きくはなりません。

ここで、ロシアの穀物輸出量が増大した背景をまとめます。

1. 輸出余力が増大した

2. ソビエト連邦崩壊後の畜産需要の縮小から回復があまりみられなかった

3. ロシアの穀物生産量が国内消費量を上回るペースで増加した

が大きな要因といえます。

もちろん、輸出余力が大きくても通貨であるルーブルが高ければ、輸出は促進されません。1998年のロシア危機によるルーブル安が却って功を奏し、ロシアを世界的な穀物輸出国へと押し上げたといえます。

ロシアの穀物供給は、アメリカ合衆国のような新大陸国家で行われている企業的穀物農業とは異なります。新大陸で営まれている企業的穀物農業は、基本的に世界市場への出荷を念頭においた生産体制です。広い耕地を、機械を利用することで経営するため、土地生産性は小さい、つまり単位面積当たり収穫量は小さくても、巨大な収穫量をあげています。

拙著、『経済は統計から学べ！』にも書きましたが、ロシアは国内供給を最優先とするため、生産量が少ない場合は輸出規制が行われます。特に２００４年の輸出関税の適用、２０１０～11年の輸出禁止などがそれに該当します。またロシア国内の穀物価格が世界市場よりも安かった場合は輸出が伸びてしまい、国内で供給不足に陥る心配があるため、２００７～08年と２０１５年は輸出関税が適用されました。

ひとたびロシアで穀物の不作が発生すると、世界市場への供給量が減るため、ロシアの主要輸出先である北アフリカでは穀物価格の高騰を招きます。２０１０～12年にかけて発生した「アラブの春」は、ロシアを「震源地」とする穀物価格の上昇によってアラブ諸国民の不満が爆発して政変へと発展したともいわれています。「むき出しの導火線」は簡単に火が点くものです。

■ロシアの小麦生産地、そして輸出拠点

２０００年を境にロシアは小麦生産量を増加させますが、特に単位面積当たり収穫量（単収）の増大が主因だったといわれています。

先述したように小麦は播種（種まき）と収穫時期の違いで「春小麦」と「冬小麦」に区分されます。春に播種して秋に収穫するのが春小麦、秋に播種して冬を越して夏に収穫するのが冬小麦です。寒冷地域は越冬が困難であるため冬が来る前に収穫を終わらせる必要があることから、春小麦が栽培されています。一方、温暖地域は越冬が可能であるため、冬小麦が栽培されています。

ロシアは国土が北緯50度を超えるほどの高緯度に位置するため、シベリアやウラル山脈周辺の地域では主に春小麦、カフカス山脈北側の黒土（チェルノーゼム）地帯では主に冬小麦がそれぞれ生産されています。２０００年代になってからの単収の伸びが著しかったのは、特に後者であり、ロシアの小麦栽培の中心地となっています。

現在ロシアは、アメリカ合衆国を抜いて世界最大の小麦輸出国となっています。ロシアの北側は北極海であること、ロシア東部の極東地方ではほとんど小麦の栽培が見

られないことなどから、ロシアが小麦を輸出する拠点となるのは黒海やカスピ海、もしくはバルト海しかありません。

ロシアの黒海での輸出拠点は、ノボロシースク港です。ここから、ボスポラス海峡とダーダネルス海峡を通過して地中海へ出ます。そう考えると、黒海から地中海へ出る通商ルートは、モントルー条約によって両海峡の主権が認められたトルコがカギを握ることがわかります。もちろんこれは、ウクライナも同様です。実際、ロシアとウクライナはともに、穀物輸出相手先の中心は北アフリカ、中東諸国、南アジアです。

両国にとって、両海峡は重要な通商ルートであり、国家安全保障問題の重要課題の一つといえます。それ故、ロシアはトルコを刺激したくない、さらに言うと、両国を仲介できるのはもはやトルコしかいないといえるわけです。

さて、ロシアの輸出相手先の「中東諸国」とはいったいどこの国を指しているのでしょうか？

答えは、イランです。ロシアはイランへカスピ海ルートを利用して小麦の輸出を行っています。イランの人口数はおよそ８５００万人と市場規模としてはかなり大きいため、輸出相手先としては魅力です。

次項では、ロシアとイランの関係について解説します。

ロシアと中東、そしてインド
――ロシアの穀物輸出③

前項にて、ロシアの小麦栽培地と小麦の輸出拠点、ロシアと北アフリカの関係について解説しました。

■ロシアの小麦輸出先

ロシアの小麦輸出先は、エジプト、トルコ、イランが上位を占めます。

2021年の世界銀行の統計によると、3カ国の人口数は、エジプト1億426万人（世界14位）、トルコ8504万人（世界17位）、イラン8503万人（世界18位）です。実は3カ国とも小麦の生産国でもあり、2020年の国連食糧農業機関（FAO）の統計によると、エジプト900万トン（世界17位）、トルコ2050万トン（世界10位）、イラン1500万トン（世界12位）となっています。世界の上位に顔を覗かせているとはいえ、実際に輸入しているということは、生産が需要に追いついていないということです。その需要を満たしているのがロシア産小麦です。

さて、ロシアからエジプトやトルコへの輸出となると、黒海沿岸のノボロシースク港からボスポラス海峡とダーダネルス海峡を通過して地中海へ出るというルートが考えられます。しかしイランへの輸出となると、カスピ海ルートを利用することとなります。

■カスピ海は海か？　湖か？

ソビエト連邦が存在していた時代は、カスピ海が「海なのか？　湖なのか？」という論争は、ソ連とイランとの二国間問題でした。

チョウザメの卵から作られるキャビアは高級品として知られていますが、世界シェアのおよそ9割がカスピ海産です。また地体構造上、カスピ海は「第二のペルシア湾」と称されるほどに原油の埋蔵量が多い場所です。そして、これらはソ連とイランが50：50で共有する「共有財産」でした。
しかし1991年にソビエト連邦が崩壊すると、カスピ海沿岸国はそれまでの2カ国から、ロシア、アゼルバイジャン、カザフスタン、トルクメニスタン、イランの5カ国に増えます（次頁の図）。

「海」であるならば経済水域を設定するわけですが、複数国の経済水域が重なった場合は、中間地点を境界とします。しかし「湖」であるならば単純に五等分することになります。イランはカスピ海に面する沿岸線が短いため、「海」とするならば、「湖」とするよりも経済水域が小さくなります。そこで、沿岸5カ国のうち、イランだけが「湖」と主張し、残りの4カ国は「海」と主張してきました。
この話に関しては、私のYouTube「みやじまんちゃんねる」にて解説してありますので、お時間あるときにでもご覧ください。★1
現在、カスピ海は2018年に調印された、「カスピ海の法的地位に関する協定」によって「海」ということで決着がついています。「湖」と主張していたイランが譲歩することで決まった経緯がありました。
時は遡り2013年9月のことですが、アメリカ合衆国大統領バラク・オバマ（当

▶ソ連崩壊後のカスピ海沿岸国

時）とイラン大統領ハサン・ロウハニ（当時）が電話会談を行います。１９７９年のイラン革命によって両国は断交したことから、電話とはいえ首脳会談は実に34年ぶりでした。バラク・オバマ大統領は国内の上院と下院が、「ねじれ状態」になったため、思うような国内政策を打てず、外交に力を入れるしか無い状態でもありました。その一環として、キューバとの国交回復やイランとの電話会談だったといえます。

しかし、２０１７年から始まるトランプ政権下ではイランへの制裁が再発動されたこともあり、イランは国際的な孤立に追いやられていきます。そこでロシアとの関係強化を図ったと考えられます。

「カスピ海の法的地位に関する協定」の第

11条では、カスピ海が「海」であることが決められ、沿岸国以外の軍隊がカスピ海に入ることは認められていません。

プーチン大統領は、協定の署名について「歴史的」であるとたいそう喜んだといいます。沿岸国以外の軍に介入される心配が無ければ、そりゃ「歴史的」と喜ぶのも分からないではないですが、そんなロシアは涼しい顔をして武力をもってして他国を現状変更してしまうわけですから、改めて「外交とは武力をともなわない戦争」なんだということが分かります。

■イランへの輸出拠点

ロシアはイランという人口8503万人の大市場へと小麦の輸出を進めます。

次の図はカスピ海周辺を表したものです。ロシアのカスピ海沿岸線は全長695kmと非常に長いのですが、カスピ海に面する連邦構成体は、3つしかありません。北からアストラハン州、カルムィク共和国、ダゲスタン共和国と並びます。

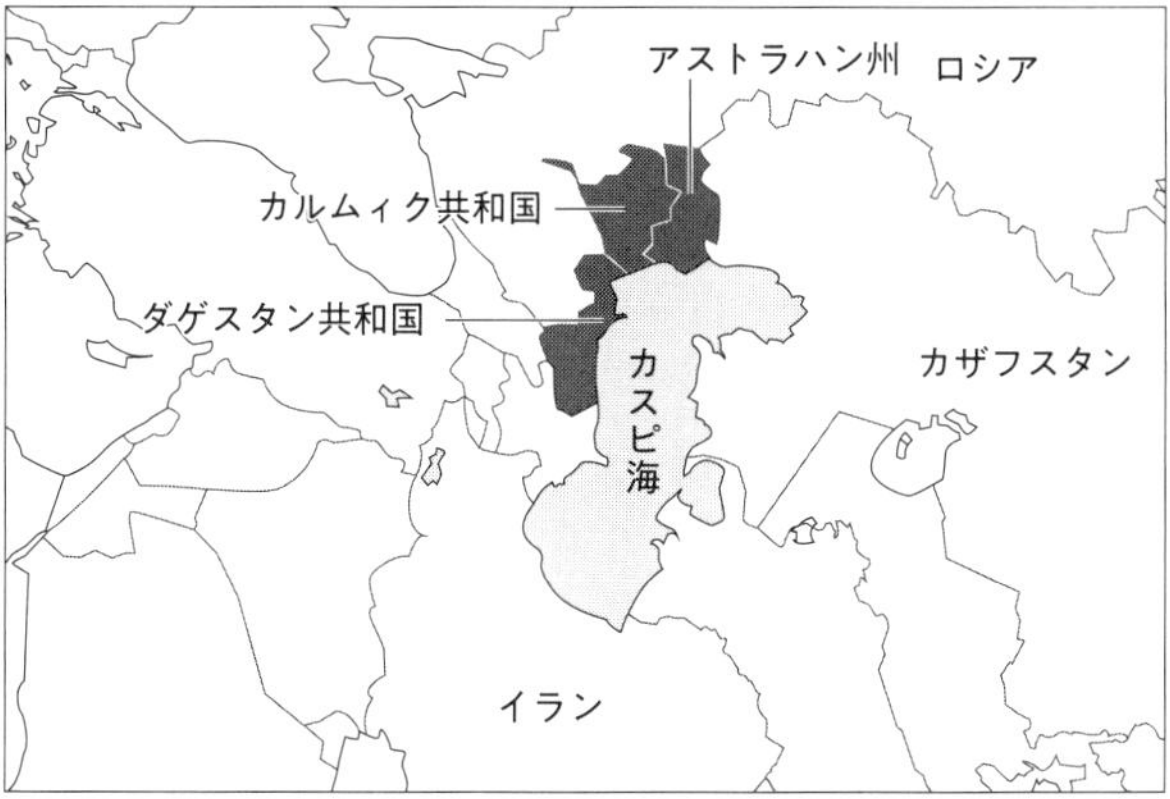

▶カスピ海沿岸の連邦構成体

ここから輸出拠点となりそうな港は、アストラハン港（アストラハン州）、オリャ港（アストラハン州）、マハチカラ港（ダゲスタン共和国）の3つ。

ロシア政府はここを物流拠点として開発を急いでいて、ひいては地域振興に繋げる意向があるとのことです。イランのその先には、パキスタンやインドが控えており、両国とも小麦生産国（インドは世界2位、パキスタンは世界7位）ではありますが、今後の人口増加で国内需要が増大することは容易に想像できることもあって、ロシアとしてみれば重要な輸出相手先と考えられます。

もちろん、対イラン輸出だけでなく、対イラン輸入の促進も期待できるわけで、特にイランからの観光客の来訪が期待されていましたが、こちらは一旦コロナ禍で停滞しているようです。

こうした地域振興に向けた施策は、第1期「2018〜19年の準備段階」、第2期「2020〜25年の基礎段階」、第3期「2026〜30年の発展段階」の3つに分けて長期的な展望で考えられていました。

■ロシアの対イラン輸出の変化とその向こうに見えるインドの存在

カスピ海沿岸5カ国はそれぞれ、ロシア1億4345万人、イラン8503万人、カザフスタン1900万人、アゼルバイジャン1015万人、トルクメニスタン612万人の人口規模（2021年、世界銀行）となっていますので、市場規模を考えるとロシア・イラン両国の貿易が中心となるのは理解できます。

2010年当時のロシアの対イラン輸出品目の中心は銑鉄や鉄鋼製品でした。輸送量は500万トンで、対イラン輸出額のおよそ80%を占めていました。しかし、2016年当時には輸送量が110・7万トンにまで減少して、対イラン輸出額のおよそ18%にまで減少しています。これはイランが国内供給の多くをそれまでの輸入から国内生産に切り替えたことが背景にあるようです。

イランの鉄鉱石の生産量の経年変化を見ると、2010年を境に急増していることが見てとれます。高等学校の地理では、「鉄鉱石は安定陸塊に埋蔵が多い傾向にある」と学習しますが、あくまでこれは「安定陸塊に鉄鉱石の埋蔵が多い」という相関関係であって、因果関係はありません。ですので、「イランは地体構造上、鉄鉱石の産出量がほとんど見られないのでは？」と考えたくもなりますが、世界9位（2020年）の鉄鉱石の生産量をほこる国です。

銑鉄や鉄鋼製品の輸出額が減少した一方、ロシアの対イラン輸出額が増加したのが穀物です。2010年から2016年にかけて、ロシアからイランへ輸出された穀物量はおよそ4倍に増大しています。もちろん、これはイランの人口増加が背景にあります。

もちろん、イランだけでなく周辺のイラクやアフガニスタン、そしてインドの人口も同様に増加傾向にあるため、ロシアがその需要を取り込もうとしていることは明白です。

ロシアの対インド輸出のルートは、黒海沿岸のノボロシースク港から黒海へ出て、さらにボスポラス海峡とダーダネルス海峡から地中海、スエズ運河から紅海、そしてインド洋からインドへ繋がります。しかし、カスピ海ルートを利用できれば、イラン経由でインドへの輸出が可能となります。そんなロシアの輸出拠点となっているのが、先述の3つの港というわけです。

一方で、インドは地理的な位置から、今後、経済発展を遂げるだろう環インド洋経済の中心になりうるポテンシャルを秘めています。今後の環インド洋経済圏におけるインドの重要性について、以前BLOGOS（現livedoor NEWS）にてコラムを寄稿したことがありますので、お時間あるときにでもご笑覧ください。★2

ロシアはカスピ海ルートを利用した対イラン輸出を進めようとしています。そしてその向こうに位置するインド市場までも取り込もうとしていることが見え隠れしています。

ウクライナ侵略を経て、これが計画通りに進むかどうかは、じっくり注視していきたいと思います。

★1 【5分くらいでわかる地理】トルクメニスタン「独裁国家からの脱却！ トルクメニ

スタン独立後のあゆみと経済を解説！」【中央アジア】
https://www.youtube.com/watch?v=WdVEBO9V8bg&t=348s

★2 拡大するインド市場　成長を後押しする主要産業の世界へ の影響力とは
https://news.livedoor.com/article/detail/22258117/

「異常気象」から未来を読み解く
――アーモンドが食べられなくなる!?

「異常気象」という言葉を聞くと、命の危険が及ぶような、そんな強大な力をイメージします。しかし、本来自然は、「同じ事が続くことが異常」なのであって、絶えず変化することこそが自然のはずです。つまり、風が強くなることがあれば、弱くなることもある。その強弱がわれわれ人間にとっては、とんでもない環境の変化をもたらしているということです。私が、人間が努力をしても地球温暖化はたぶん止められないし、その環境の変化に対応できなければ死ぬだけのことと思うのはこういう感覚をもっているからです。

さて、2021年頃から実はアメリカ合衆国カリフォルニア州では、干ばつ被害が頻発していて、ある農作物栽培に大打撃を与えています。

その農作物とはアーモンド。カリフォルニア州が供給するアーモンドの量は、世界のおよそ8割を占めています。われわれが日々食べているアーモンドのほとんどは、「アメリカからやってきた」ということです。

元々、アメリカ合衆国西部は沖合を寒流のカリフォルニア海流が流れるため水分供給量が少ない地域です。亜熱帯高圧帯（中緯度高圧帯）の影響下にあるため、特に夏は降水量が少なくなります。

アーモンドは非常に大量の水を利用して生産します。1エーカーの成木が必要とする水の量は1年で490万リットルになるそうで、これは米よりは少ないものの野菜の2倍もの量を必要とします。そのため、カリフォルニア州での農業の多くが地下水を利用して営まれています。しかし、2021年にアメリカ合衆国を襲った干ばつによって地下水の使用制限が設けられ、特にアーモンド産業は栽培の見直しを迫られています。農家によっては、ニンニクやニンジンなどの栽培に転換せざるを得ない状況に追い込まれています。

もちろんアーモンドだけではありません。カリフォルニア州といえば、日本よりも国土面積が広く、その広大な土地で農業が盛んな州です。アーカンソー州やルイジアアナ州と並んで米の生産が盛んな州であり、また近年は綿花栽培も同様です。こうした灌漑《かんがい》をすることで栽培する農作物もまた、干ばつによって十分な生産が見込めなくなるかもしれないというわけです。これは、今後数年にわたってアーモンド価格が上昇することは確実であり、おいそれとアーモンドを購入することが難しくなるかもしれません。

かつてヨーロッパでは、アメリカ原産のブドウ樹を持ち込んだことにより、ブドウネアブラムシがヨーロッパへ入り込み、ヨーロッパのブドウ樹が根絶やしにされたことがありました。19世紀後半の話です。まさしく産業革命によって本格的な貿易が始まり、新大陸とヨーロッパとの間で盛んに交易が行われるようになったときの話です。ヨーロッパ中のブドウ樹が根絶やしにされたことで、新しい栽培地を求めてチリやアルゼンチンといった南アメリカへと渡ったワイナリーがいたそうです。

アーモンドも同様に、アメリカ合衆国での栽培が困難になったとき、カリフォルニア州と似たような気候環境をもつ国へと投資が始まるのかもしれませんね。最近では「20××年の世界」といったような「未来予想図」をテーマにした書籍が流行っているので、この項では「アーモンドが食べられなくなるかも⁉」というテーマでお届けしました。

ベトナムで綿花需要が高まるワケ

――背後に見える「米中貿易摩擦」

現在、世界最大の綿花輸入国は中国です。以下、ベトナム、バングラデシュ、トルコ、パキスタン（ＦＡＯＳＴＡＴ、２０２０）と続きます。この項では、近年綿花の輸入量を増大させているベトナムの綿花需要について追ってみます。

植物性繊維には綿や麻などがあり、われわれが普段着ている衣服のほとんどが綿製品です。綿製品を作るには多くの人手を必要とすること、「普段着」であるため綿製品が安価であることなどから、綿製品の製造拠点は「安価な労働力」と「綿花の現地調達」が指向されます。世界の綿花の生産量は中国を筆頭に、インド、アメリカ合衆国、ブラジル、パキスタン、ウズベキスタン、トルコ、アルゼンチン、ギリシャ、ブルキナファソと続きます。

■中国は「衣類」の世界的な生産拠点

中国は、綿花の生産量が多いだけでなく、綿織物や綿糸の生産量が多い国として知られています。これらはブランド品などを除けば、その多くが日用品であるため、基本的には低価格製品です。また製造過程において、多くの労働力を必要とするため、安価で豊富な労働力を必要とします。つまり低コストを求める傾向にある、労働集約型といえます。

しかし、安価で豊富な労働力が存在したとしても、材料となる綿花が必要です。この綿花需要を、「生産でまかなうか」、もしくは「輸入でまかなうか」となります。中国は綿花の生産量が多いため、「材料を自国で調達でき、また安価で豊富な労働力を提供できる」ことから、綿織物や綿糸の生産量が多くなっており、「衣類」の世界的な生産拠点となっています。「made in China」と書かれたタグの付いた洋服を目にすることは多々あります。最近は、「made in PRC」と書かれていることもあり、これは「People's Republic of China」の略です。

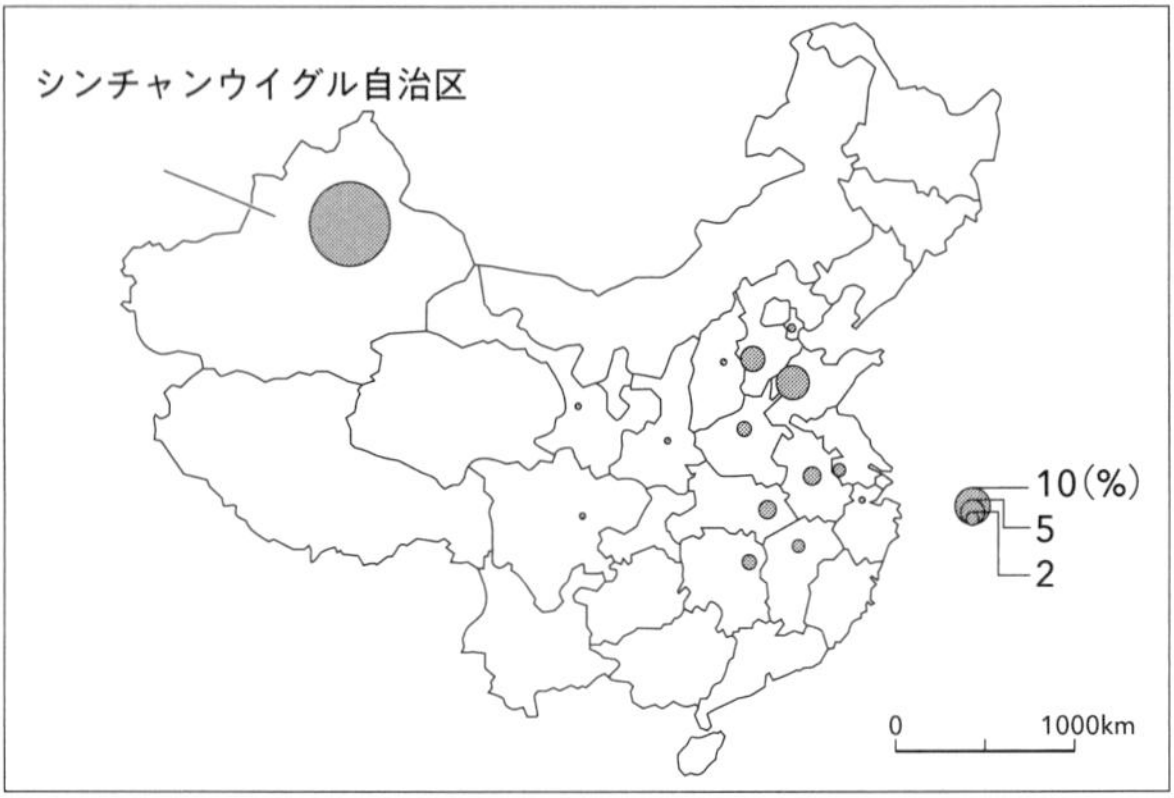

▶中国国内における綿花の生産（出典：中国統計年鑑2019）

しかし、中国は綿花の生産量が多いにもかかわらず、世界最大の綿花の輸入国でもあります。まず考えられることとして、「衣類の世界的な生産拠点であるため、国内で生産された綿花だけでは足りない。そのため需要をまかなうために輸入も行う」ということです。

上の図を見てください。これは中国における綿花の生産量を、各省・自治区ごとに表した図形表現図です。図形表現図とは、「事象の大小を、図形の大小で表した図」です。国内生産量に対する各省・自治区の生産割合を示したものですから、本当は図形表現図ではなく、階級区分図を用いた方が良いのですが、とりあえず分かりやすさ重視で、図形表現図にしました（本当はダメです!)。

この図から分かることは、中国北西部、つまりシンチャンウイグル自治区での綿花生産量が多くを占めるということです。つまり、中国国内で生産された綿花は、生産地である北西部から、綿織物や綿糸の生産地である東部沿岸部まで輸送する必要があります。中国の国土面積は日本の約25倍あるため、国内輸送は大変です。「大変」というのは、輸送コストが高くつくということです。

そのため、国内産綿花を使用するだけでなく、綿織物や綿糸の製造業者の中には、外国産綿花を使用することもあります。そのため、綿花の輸入量が多くなっているのです。

中国の輸出統計をみると「衣類」が上位に登場することはこうしたことが背景となっているわけです。

■世界的綿花輸入国となったベトナム

現在、中国に次ぐ綿花輸入量をほこるのはベトナムです。近年のベトナムは海外のアパレルブランドの製造拠点として発展しています。2019年のベトナムの品目別輸出額は機械類、衣類、履き物、繊維と織物、家具となっています。近年、ベトナムはスマートフォンの製造拠点としても成長していますが、まだまだ労働集約型産業も主力産業であることがわかります。

ではベトナムの綿織物産業は如何にして成り立っているのでしょうか？　もちろん……、といっては失礼かもしれませんが、「安価な労働力」が得られることは間違いありません。問題は原材料となる綿花の供給です。

実はベトナムは国内で供給される綿花のほとんどを輸入でまかなっているようです。その主な輸入先はアメリカ合衆国。アメリカ合衆国は綿花の生産量が世界3位ですが、「安価な労働力」の提供はほぼ不可能です。そのため国内で生産された綿花のおよそ8割が輸出に回ります。

アメリカ合衆国の輸出は1990年代から、2倍以上に増加しました。これはダンピングが背景にあります。ダンピングとは農家に補助金を支出することで、農家の所得を維持しつつ安価な物品の輸出を行うことです。アメリカ政府は農家に補助金を支出し、安価な綿花を世界に輸出しています。財政を圧迫するかに思えますが、輸出が促進されることで売上があがり、税収が増えるわけですから、それほど大きな問題とはなっていないようです。2003年6月、ブルキナファソ、マリ、ベナン、チャドの4カ国を代表して、当時のブルキナファソ大統領が演説しました。「アメリカのクソヤローが、不当廉売してやがるから、俺たちの商売あがったりじゃないか！」と。「綿花イニシアチブ」と呼ばれた提案は、綿花が4カ国の経済発展において重要であること、ダンピングを背景に綿花産業が危機に瀕していることを訴えたもので、補助金の撤廃を要求し、撤廃が完了するまでの期間は補償を要求するという内容でした。

しかし、一方では「クソヤロー」だったとしても、ベトナムにとっては大変ありがたい存在となるわけです。しかも、ここ数年の間、さらにベトナム向けの綿花輸出が増えました。それは2018年あたりから顕在化した米中貿易戦争が背景にあります。

■トランプ元大統領のねらい

トランプ大統領（当時）は、安価な中国製の鉄鋼製品を問題視していました。中国で生産された安価な製品が世界市場へと輸出される、もちろんアメリカ市場へも輸出されます。トランプ大統領は「中国のクソヤローが、安価な鉄鋼製品を作ってアメリカに売りつけるものだから国内産業が困ってる！　関税だ！　関税をかけるぞ！」と言い出したわけです。クソヤローがクソヤローに「クソヤロー！」と罵るわけですから、「うるさいハゲ！」、「ハゲてねぇよ、ハゲ！」と罵り合う子供たちの喧嘩よりひどいものです。

こうしてトランプ大統領（当時）は、「（関税がかかることで高くなった）中国製品を輸入するくらいなら、アメリカ国内で生産しようぜ！」という空気を作ろうとしました。そして2018年7月以降、色々なものに関税をかけ始め、品目数は1000を超えました。もちろん中国が黙っているわけもなく、牛肉や大豆などの主に農産物に対して、800を超える対米輸入品目に関税をかけました。

近年では、多くの国でEPA（経済連携協定）やFTA（自由貿易協定）を締結する動きがみられ、関税や非関税障壁を廃止し貿易の促進を図ろうとしています。TPP（環太平洋パートナーシップ協定）もその一環です。消費者はより安いものを手にすることができる利点があるのですが、国内産業に大きな打撃を与える危険性もあります。

そこで、トランプ大統領（当時）は関税を高くかけることで国内産業を保護したわけです。そして、「出る杭は打つ」といわんばかりに、「世界の覇権は、このアメリカが担うんだ！　中国のクソヤローは、今のうちに叩き潰すぜ！」といった様相を呈していたことは間違いありません。こうして、それまで中国へ輸出されていたアメリカ産綿花の多くが、ベトナムへと輸出されるようになっていきました。つまり、ベトナムの綿花の輸入量が増加したということです。

ベトナムの縫製技術というのは非常に高く、周辺諸国のタイやカンボジアなどと比較しても、図面通りに丁寧に生産すると海外アパレルブランドから高評価を得ているそうです。ベトナムは近い将来に人口が1億人を超えます。海外アパレルブランドからすれば、技術力や安価な労働力だけでなく、市場を取り込める魅力もあるわけです。

ここに注目したのがインドです。近年のベトナム向け綿花輸出を伸ばそうという動きがあります。インドがベトナム向け輸出を増やすのは以下の点が大きいと考えられます。

まず隣国ミャンマーの政情が安定しないことです。直近では2021年にはクーデターが発生しています。ミャンマーでは議会において軍部が必ず25％の議席を確保できること、憲法改正には75％以上の賛成が必要であること、つまり実質的に憲法改正が出来ない国であるという不安定さがあります。

またコロナ禍において、インドは中国向け輸出を取りやめました。そこで注目した新たな輸出先がベトナムというわけです。そして、中国はアメリカ合衆国からの綿花輸入が困難であることから、第三国からの大量買い付けに走ることは想像に難くありません。つまり綿花の先物価格の上昇がありうるというわけです。

もちろん、ベトナムの縫製技術の高さが世界的に評価されていること、人口大国であること、安価な労働力を得やすいことなど、ベトナム自身がもつ利点もありますが、米中貿易戦争やコロナ禍を背景とした要因もあったようです。

肉が食えなくなる⁉ アメリカで枯渇する地下水と穀物栽培

突然ですが、「オガララ帯水層」ってご存じですか？

オガララ帯水層というのは、アメリカ合衆国中央部の地下に眠る帯水層のことです。実に大量の地下水が眠っており、面積にすると、日本の国土面積のおよそ1・2倍に相当するとのことです。「オガララ」というのは、ネブラスカ州にあるオガララに由来します。

オガララ帯水層の西側には、ロッキー山脈が縦断します。ロッキー山脈は太平洋プレートと北アメリカプレートの境界付近に形成された高峻な山脈であり、ここが分水嶺となって東西に河川が流れています。東に流れていくミズーリ川などの支流が本流であるミシシッピ川へと合流し、南流してメキシコ湾へと注ぎます。この河川水が地下に溜まって形成されたのが、オガララ帯水層です。

アメリカ合衆国は世界最大の先進農業国です。そして、穀物栽培が盛んです。いわゆる「企業的農牧業」といって、大農法（広い耕作地を利用して農業を行う）を基本としています。小麦や大豆といった穀物を生産するさいに、オガララ帯水層から地下水をくみ上げて利用しています。くみ上げた水は農薬などと混ぜて、センターピボット方式といってスプリンクラーで散水し、圃場を作ることで穀物栽培を行っています。その光景を上空からみると、まるで緑色のコインのように見えることから、「グリーンコイン」と呼ばれます（Google Earthで確認できますが、丸いものが密集して存在しているとなると集合体恐怖症の人は見たくないかもしれませんので、自己責任で閲覧してください）。

しかし、広い耕作地で手間暇かけて栽培することは困難ですので、どうしても粗放的な経営となりやすいものです。粗放的とは、単位面積当たりの労働力が不足している状態をいいます。

例えば、学校の教室を30人で掃除をしようとなれば、教室の広さに対して30人の労働力は十分足りていると考えられますので、これは集約的となります。しかし、「君たちは掃除が上手だね！　東京ドームもお願いするよ！」となった場合（普通、ならない）、東京ドームの広さに対して30人の人員は明らかに労働力不足となりますので粗放的といいます。

アメリカ合衆国の農業従事者1人あたり耕地面積は180・8ha（2017年）ですので、2・0haの日本のそれと比べると、かなり広大であることがわかります。オーストラリアにいたっては1168・9haです。東京ドームの面積が4・7haですから、これと比較するとアメリカ合衆国は38・5個分、オーストラリアは248・7個分となります。これだけ広大な土地を手間暇かけて耕作していくことは、ほとんど不可能です。

もし「母ちゃん、俺、草むしりに行ってくるよ！」と出かけるオーストラリア人のジャックがいたとすれば、彼はその後二度と帰ってこないでしょう。「うちのジャックを知りませんかね？」と愛息を探す母親に対して、近所のジェームズさんが「ジャックなら、ほら、あそこで前のめりになっているよ」と教えることでしょう。合掌。

こうして新大陸で行われている農業は、機械を用いることによって広大な土地を少ない労働力でも耕作を可能にしています。そのため、農業だけでなく、それに関連する産業も同時に成長していくわけです。これをアグリビジネスといいます。

■ビル・ゲイツがアメリカ合衆国最大の農場主になった!?

Webメディア「ギズモード」の「ビル・ゲイツいつの間にか米最大の農場主に。イモ畑デカすぎて宇宙からも見える」(2021年6月25日)の記事によると、「ルイジアナ州の投資家」がワシントン州南部に広がる、およそ6万haもの農地を1億7100万ドル、日本円にしておよそ190億円で買ったとのことです。6万haといえば、東京ドーム12765個分というとんでもない広さです。どうやら、この「ルイジアナ州の投資家」というのが、あのビル・ゲイツらしく、全米の農地を買いあさっており、いつのまにか、個人としてはアメリカ合衆国最大の農場主になったとのこと。ビル・ゲイツが全米各地に持っている農場の合計は、東京ドーム21276個もの広さだそうです。

問題は、「なぜビル・ゲイツが農場を買いあさっているのか?」ということです。先述のオガララ帯水層ですが、実は年々地下水位が低下しているときききます。地下水位が低下すると何が問題かというと、それだけ深いところからくみ上げる必要がある、つまりくみ上げコストが高く付くため、ひいてはそれが穀物価格に転嫁されることです。

資源というのは、何も鉄鉱石や石炭、原油、天然ガスといった原燃料だけではありません。水も立派な資源です。アメリカ合衆国の国民というのは、省エネルギーとは無縁な人たちが多く、お金に例えると、「出て行くお金を減らす」のではなく、「入ってくるお金を増やす」という発想を持った人たちが多いように思います。だからこそフラクチャリングという技術によって、シェールオイルやシェールガスを掘り当てたわけであり、今やアメリカ合衆国は世界最大の原油産出国となっています。

ちなみに、日本人は、「出て行くお金を減らす」という発想を持った人たちが多く、これが「失われた30年」を作り出したといえるのではないでしょうか。財務省の緊縮財政によって、日本経済は泥船状態です。

アメリカ合衆国において、遠い未来にオガララ帯水層の水が枯渇する懸念があることは間違いありません。これは穀物栽培が停滞する恐れがあることを意味します。さらに話を進めると、肉が食べられなくなる可能性があるということです。

■「肉が食べられなくなる」とはどういうことか？

一般的にいわれているのは、牛肉1kgを生産するために、飼料穀物が8～11kg必要であると考えられています。もちろん個体差があります。うがった見方をすれば、飼料穀物となるトウモロコシを10kgも「無駄」にして、ようやく1kgの牛肉が手に入るということです。これは豚肉や鶏肉も同じで、食肉を生産するということは、人間の食料供給量という点では、実は非効率な行いであるわけです。

アメリカ合衆国はトウモロコシ、大豆の世界的な生産国です。これらは輸出もされますが、国内で飼料穀物としても流通します。近年では、トウモロコシからバイオエタノールの生産も行っているので、飼料用としての流通量が減り、飼料価格が上昇したなんて話もあるくらい。もちろん、それは牛肉価格に転嫁されるわけです。

こうして穀物価格が高騰すれば、当然関連商品の価格も高騰します。つまり、牛肉の価格が高騰するということです。オガララ帯水層の地下水位が低下傾向にあるという話は、高等学校の地理で学ぶ話であり、決して荒唐無稽でもなく、日本人が知っていてもおかしくはない話です。

牛肉が食べられなくなると、結局はビヨンドミートのような人工肉の需要が高まるかもしれません。そうなると、大豆需要がさらに高まります。もちろん中国のような新興国での生活水準の向上によって食肉需要が高まり、ひいては畜産業の発展、飼料穀物需要の増大が別途起きています。中国は世界第4位の大豆生産国ですが、世界最大の大豆輸入国でもあるのです。生産量に対して、およそ7倍もの量を輸入しています。

そしてその中国の大豆需要を取り込んでいるのがブラジルです。近年ブラジルは中国向け大豆輸出量を増やしており、今や大豆が最大輸出品目であり、中国が最大輸出相手国となっているのです。

穀物は「食の基本」であるため、長期的な価格の上昇が続けば、穀物を巡る争いが起こる可能性があるといえます。ひょっとすると、「肉を食べるなどもってのほかだ！」、そんな時代がくるのかもしれません。

我々の食生活がガラリ一変するのか、しないのか？　するとしたら、それはいつなのか？　それは誰にも分かりませんが、それが確実に来ると考えているからこそ、ビル・ゲイツは農場を買いあさっているのかもしれませんね。彼にだけ我々とは違った景色が見えているのかもしれません。

「パーム油」が環境破壊に？
――アブラヤシ栽培拡大の課題

■世界最大の植物油生産量をほこるパーム油

大豆油、パーム油、菜種油、ひまわり油、ココナッツオイルなど、世界にはかなりの種類の植物油が存在します。中でも植物油の生産量が世界最大なのがパーム油です。

パーム油とはアブラヤシという椰子から取れる植物油脂のことです。アブラヤシの果肉を蒸して、その後にパーム油を採取します。パーム油は、お菓子やインスタント麺、マーガリン、アイスクリーム等の加工食品、または洗剤や石鹸、化粧品、医薬品などに幅広く利用されています。アブラヤシの原産地は西アフリカといわれていて、1848年にインドネシアに持ち込まれました。

以来、東南アジア地域を中心に栽培が拡大しました。2015年に大豆油を抜いて、植物油としての生産量が世界最大となっています。ちなみに、大豆油の生産が盛んなのがブラジルやアルゼンチン、ウルグアイといった南アメリカ大陸の国々です。

普段の生活の中で、パーム油は「植物油脂」と表記されますので、馴染みがないかもしれませんが、日本では一人当たり年間4kg以上も消費しているといわれ、生活にはなくてはならないものとなっています。

アブラヤシを育てるには高温多湿な気候と十分な日照時間が必要です。そのため、マレーシアやインドネシアなどの気候は栽培条件に適しています。生産量を世界的にみると、インドネシアとマレーシアの生産量が突出しており、両国で世界の90%近くの生産量をほこります。

両国にて生産されたパーム油は国内での消費もありますが、特に健康志向の強い先進国に向けて輸出される傾向があります。近年では、インドや中国にも輸出されるようになりました。

「どこかのアジアの島国」では、仕事が終わると飲みに行き、飲み足りないからと「部長、もう一軒！」とはしご酒をした後に、「シメはやっぱりラーメンでしょ！」とばかりにラーメンを食べ、テレビで「納豆って身体に良いらしいよ！」と聞けば、翌日には店頭から納豆が消えてしまうような、そんな日常をよく目にします。こうして健康志向の強い「どこかのアジアの島国」もマレーシアとインドネシアから、パーム油を輸入しています。

アブラヤシは一度植栽すると年間を通じて絶えず果実の収穫が可能であるため、非常に生産性が高い植物です。単位面積あたりの収穫量が極めて高いという特徴があり、なんと大豆の10倍ともいわれています。そのためパーム油は、植物油脂の中で最も価格が安価であるため、利用が進んでいます。また、近年ではパーム油をバイオディーゼルの燃料としても利用する機会が増え、生産が拡大しています。

しかし、パーム油の生産、つまりアブラヤシの栽培には様々な問題が生じています。

■天然ゴム栽培からの転換

元々、天然ゴムはブラジルのアマゾン川流域が原産地といわれています。コロンブスがハイチにて先住民の子供たちが黒いボールで遊んでいるところを見て、ゴムの存在を知ったといいます。

1839年になると、アメリカ人のチャールズ・グッドイヤーは偶然ながら硫黄を混ぜることで、ゴムは硬くなって弾性を持つようになることを発見します。「偶然」というのは色々なエピソードがあるようです。そして、1887年になると、スコットランドのジョン・ボイド・ダンロップによって空気入りタイヤが考案され実用化されていきます。

時を同じくして、ジークフリート・マルクスによって世界初のガソリン自動車が発明され、その後、ゴットリープ・ダイムラーやカール・ベンツといった人たちの尽力によって自動車社会が到来します。こうしてゴムの供給不足が深刻化して、価格が一気に跳ね上がってしまいました。

これを背景に、大もうけを考えたブラジルは、天然ゴムの国外への持ち出しを禁止する法律を作ります。しかしイギリスはこれを国外への持ち出すのに成功します。これを俗に「泥棒」といいます。こうしてブラジルから泥棒して持ち出したゴム樹は、イギリスが植民地支配をしていたマレーシアにて栽培が進められていきます。これが現在まで、天然ゴムの生産地が東南アジアに偏っている理由でもあるのです。

しかし、その後は合成ゴムが台頭したこと、ゴム樹の老木の問題などが顕在化すると、脱モノカルチャーを考えた農園の人たちは、アブラヤシ栽培に転換していきます。

■アブラヤシ栽培の問題点

さて、アブラヤシ栽培の問題点とは何か？

最も大きな問題は環境破壊です。パーム油の生産が拡大すればするほど、アブラヤシ栽培地を拡大しなければなりません。これによって熱帯林を伐採し、アブラヤシのみを植栽するプランテーション農園が造成されていきました。熱帯林が伐採されるだけなく、単純化したアブラヤシの栽培農園のため、多くの生態系が失われていきます。それだけではなく、森林火災を誘発し、２０１５年には煙害が国際的な問題となりました。

もはや、インドネシアは「二酸化炭素排出の最前線」といっても過言ではありません。また、強制労働や児童労働など農園労働者の人権問題も顕在化しています。商業目的のため、元々そこで暮らしていた人たちの土地を強奪することもあります。近年は、アブラヤシ栽培地の拡大のため、泥炭地の開発も進んでいます。しかし泥炭地は多量の炭素をため込んだ場所であり、開発によって、ここから二酸化炭素が放出され地球温暖化への影響も非常に懸念されています。

マレーシアでは古くから天然ゴムのモノカルチャー栽培が発達していました。これはモータリゼーションの進展にともなった、タイヤ需要の増大が背景にありました。しかし、合成ゴムの登場とゴム樹の老木化によって脱モノカルチャーがすすめられ、替わってアブラヤシ栽培が営まれるようになりました。マレーシアはアブラヤシ栽培地を拡大し、パーム油の生産量を増やしました。その量は過去40年間で24倍に増大したといわれています。

さらにパーム油は驚くほどに生産性が高いため、これを大豆油などの代替植物油に求めると、現在よりも広い範囲での植物栽培を余儀なくされるといわれていて、なかなかパーム油に替わる植物油は得られていないのが現実です。

現在インドネシアでは、こうしたことを背景に、原生林を伐採せず農園を造成すること、農園内での野生動物を保護することなどの基準を設け、これを厳しく遵守することを求めているようです。

また2022年4月には、世界最大のパーム油生産国であるインドネシアが「パーム油の全面禁輸」を行ったことをご存じでしょうか？　インドネシアは生産量のおよそ3分の1を国内で消費しているのですが、より高価格で販売可能な海外市場を求めて輸出を優先する業者が後を絶たないことから、国内市場で品薄状態が続いていたことが背景にあったようです。インドネシアの生産量は世界のおよそ60％ですので、インドネシアだけで世界のおよそ20％を消費している計算です。

またマレーシアでは、労働者不足を理由にパーム油の生産が停滞しつつあるようです。というのも、マレーシアのアブラヤシ農園に従事する人の中には、インドネシアからの出稼ぎ労働者が多く、コロナ禍を背景にその出稼ぎ労働者が減少したようです。さらに、マレーシアが出稼ぎ労働者の保護を怠っていると主張したインドネシアが、新規労働者の渡航禁止を講じたことも背景にあるようです。

パーム油以外にも植物油は存在するのですが、特に生産量の多い植物油の原料として大豆、菜種、ヒマワリ、トウモロコシなどが知られています。しかしこれらの生産量上位国を見ると、ウクライナが顔を覗かせます。つまり、ロシアのウクライナ侵略戦争によって植物油の供給量が減少傾向にあるわけで、そこにパーム油の供給量不足となれば、日本人は決して他人事とはいえない状況が迫っていると認識すべきことでしょう。

第4章

地理で「エネルギー・環境問題」を読み解く

同じことが続くことこそ「異常」と考えよ

2021年11月、南太平洋に浮かぶツバルという国の外務大臣が膝まで海につかりながら、気候変動の緊急性を訴えたというニュースがありました。

ツバル（Tuvalu）の国名の「valu」は、「8つ（の環礁）」という意味をもちますが、実際には9つの環礁を領有しています。これは伝統的に有人島が8つだったことに由来します。しかし、現在は9つめの島も有人島になっているため、なんだか国名の意味と現実が乖離《かいり》するという面白い状態になっています。

そのツバルですが、非常に海抜が低く地球温暖化の影響を強く受ける国と認識されています。ここでほとんどの人が、「海抜高度が低い→地球温暖化による海面上昇→水没」という物語を考えることと思います。不思議なことに誰に習ったわけでもなく、ほとんどの方がこの理屈しか持っていません。

ツバルは環礁（サンゴ礁がリング状に連なったもの）の上に建てられた国です。サンゴの死骸（サンゴとは「動物」です）や有孔虫の殻などが砂として供給されるため島の形状が維持されているわけです。そのためサンゴ礁島は保水性が悪い。赤道近く（ツバルはおよそ南緯7～9度に位置）で年降水量が多いとはいえ、そのほとんどは地下に流れてしまいます。ツバルの平均高度がおよそ5ｍであるため土地の高低差がなく、また国土が狭いため大きな河川が存在しません。そのため水を得ようとすれば、雨水、もしくは地下水に頼らざるを得ないわけです。

人口が少ないため過剰な地下水のくみ上げとまではなりませんが、供給過多となればいつか地下水は枯渇するもの。地下水が減っていけばいくほど、地盤沈下を起こします。１９６０年代に日本でも地盤沈下が相次いだのは、ひとえに地下水の過剰なくみ上げが原因でした。その後日本では、１９６７年の公害対策基本法によって規制が設けられ、過剰な地下水位の低下を食い止めた歴史があります。

「国が沈む」、これは海面上昇だけが原因ではありません。地盤沈下や海岸侵食、またはそれらの組合せで起こるものです。実際にツバルでは地下水のくみ上げによる地盤沈下が起きているかというと、ほとんどが雨水を利用しているため、今のところ過剰な地下水のくみ上げはみられないようです。

一般的にサンゴ礁島の沈下は一年あたり0・02〜0・2㎜程度とされています。また、ツバルで2002年より行われている地盤高のモニタリングでは、有意な地盤沈下は認められていないようです。一方で1993〜2008年の平均潮位上昇は一年あたり5・9㎜だったそうです。つまり、ツバルにおける「国が沈む」とは地盤沈下よりも海面上昇の影響が強いといえます。

そもそも**「地球温暖化」自体が懸念されているのではなく、副次的に発生する海水面上昇が懸念されている**わけです。温暖化にともなって海水温が高まり熱膨張が見られます。南極大陸やグリーンランド内陸部に存在する大陸氷河、そして高緯度地域や高標高地域の山岳氷河や谷氷河などが融け出して海水の量が増えると、それによって海面上昇がみられることが懸念されているわけです。


海面が上昇すると、海岸侵食がみられるようになります。また温暖化は海水の蒸発量を増やして熱帯低気圧の強大化を引き起こします。低気圧は高潮を招くため、これが海岸侵食を加速させる要因にもなります。海岸侵食によって海岸線近くの木々が倒され、その根によって抑えられていた土壌流出が起こり、天然の防潮機能が失われると、さらに海岸侵食が進みます。

流出した土壌はサンゴに覆い被さり光合成ができなくなってしまいます。こうしたサンゴの生存が危うくなれば、島の砂の供給源が失われることになり、砂の供給量が減少した島はやはり水没してしまいます。

海面上昇はこのように複数の要因で発生することは理解しておくべきと思います。ツバルなどの太平洋の島国を考えると、その国固有の要因があるかもしれないという意識です。空間スケールが変われば、見えてくる世界が異なります。

そして自然環境というのは、同じ事が続くことこそが本来は「異常」なことであるという認識も大事です。たえず移ろいゆくわけですから、今自分たちが見ている自然環境が今後も続くわけではない、また変化には対応していくと考えるべきではないでしょうか。

地球温暖化で得する国もある!?

■北極海航路を虎視眈々と狙うロシア

地球温暖化論が叫ばれて以来、かなりの時間が経ちました。最初に地球温暖化という現象が世界規模で議論されたのは、1992年の国連環境開発会議（環境と開発に関する国際連合会議）だったように思えます。この会議は「地球サミット」とも呼ばれ、ブラジルのリオデジャネイロで開催されました。

この会議は世界各国の要人だけでなく、国連の招集によって非政府組織（NGO）が参加したことでも知られています。のべ4万人を超える人々が参加した会議であり、「気候変動枠組条約」と「生物多様性条約」が結ばれました。

特に「気候変動枠組条約」では、大気中の温室効果ガスの増加が地球環境を温暖化すること、生態系への影響が大きいことを、それぞれ世界共通の関心事であると確認されました。それまではどちらかといえば、地域開発による自然環境の破壊などが各国・各地域にて叫ばれることはありましたが、世界規模での共通認識が示されたのはこれが初めてでした。

地球温暖化によって「氷が融ける！」と叫ばれることが多いのですが、北極海の海氷が融けても海水準変動はみられないはずです。つまり、氷をたっぷり入れたグラスに水をなみなみと注いだとして、時間が経って氷が融けてもグラスから水はあふれないのと同じです。海水準云々は、大陸上に乗っている氷、つまり大陸氷河（氷床）の融解が関係してきます。

もちろん、グリーンランド内陸部と南極大陸に存在する大陸氷河が融ければ、海水準は変動します。これらのすべての大陸氷河の融解が見られれば、諸説ありますが、海水準は66 m上昇するといわれています。

しかし、北極海の氷が融けることで利を得る国があるかもしれません。それはロシアです。これまでは北極海に広がっていた海氷が邪魔をして海運ルートが限定的でしたが、海氷が融けることで新しい海運ルートが確保される可能性があるからです。これによってロシアではインフラ整備が進んでいるといわれます。

ヨーロッパとアジアを結ぶルートは、地中海からスエズ運河を抜けてインド洋へと出て、さらに東南アジアから北上してくるルートが利用されています。単純に地図上でそれを確認するのは簡単ですが、どこの海にも「海賊」はいるものです。さらに、東南アジアではマラッカ海峡は浅く狭いため、水深が深いロンボク海峡を利用することもあります。もちろん、その分ロスが生じます。ロンボク海峡とさらに北側のマカッサル海峡を結んだ線は「ウォーレス線」と呼ばれ、これより東西で生物相が異なります。1868年にアルフレッド・ラッセル・ウォーレスが発見したことで名付けられました。また南シナ海は、台中問題が存在していることから、政情が不安定な海域です。

北極海ルートには、もちろん砕氷船の随行料、海況予測など課題も残されています。しかし、その課題は乗り越える価値が十分あると判断されており、原油や天然ガスなどのエネルギー資源の輸出が国の経済を支えているロシアにとっては魅力的なルートと考えられているわけです。もちろん、自国の船舶が通過するだけでなく、他国の船舶も通過することとなるわけですから、そうなれば通行料の徴収も可能であると考えているようです。まるで時代劇に登場する、「ここを通りたければ、金を寄越しな！」と嘯く不良のようです。

さらにいえば、この海運ルートはロシアと中国の経済的な関係をさらに強くする材料となるでしょう。(地理的に)近くて(時間的に)遠かったロシアと中国が、海氷の消滅によって(地理的に)近くて(時間的に)近い関係になるわけですから。ロシアのプーチン大統領は北極海ルートの輸送量を2024年までに現在よりも倍増させたい考えをもっています。

北極海沿岸の諸都市では港湾機能を高めるためのインフラ整備が進みます。ロシアが計画している費用は日本円にして、実に1兆2800億円を数えます。もちろん、ルートに沿って軍を配備することは容易に想像できますので、「言うこと聞かなかったら沈めるぞ、コラ！」という状況下にて通行料を徴収しようとするでしょう。もちろんアメリカ合衆国は「貴様らに徴収する権利などない!!!」と反発しています。

ちなみに、地球温暖化で『得する』というテーマで「ノルウェー」を取り上げて記事を寄稿したことがあります。詳細については、野村證券のオウンドメディア、ELBORDE(エル・ボルデ)にて掲載されていますので、ご覧ください。★1

■生まれ変わるロシア

人は無知なときほど偏見で物を語る傾向があります。例えば「ロシアの地球環境問題に対する姿勢とは?」と問われれば、「ん〜、原油や天然ガスなどのエネルギー資源に依存しているし、寒冷な国だから暖房設備の使用頻度が高く、その分二酸化炭素の排出量が多いんじゃないの?」と思うかもしれません。

しかし、ロシア国内では、地球温暖化対策の強化を目的に生まれ変わろうとする企業が増えているといいます。確かに、ロシアの一人あたり二酸化炭素排出量は11・36トン(2019年)と世界的に見ても多い(世界平均は4・39トン/人、日本は8・37トン/人)のですが、近年のSDGsの盛り上がりと、それにともなうESG課題への投資家たちの目を意識せざるを得なくなっているようです。つまり、それだけロシアは西側諸国からの投資を呼び込むのに熱心になっていたと考えられます。

それもそのはず、ESG課題に基づく投資の運用資産は、2020年には世界で1兆7000億ドルに達しており、まだまだ増加すると考えられています。実際に日本でもESGやSDGs、環境に関する名称を含む投資信託は2020年には年間

38本でしたが、2021年には上半期だけで44本発売されていて、関心が高まっていることが分かります。もちろん、名ばかりで実体がともなっていない投資信託の存在が問題視されていることもありますが、それはまた別のお話。

■永久凍土が融ける！

大陸氷河や海氷とは別に、「ずっと凍ったままの土」である永久凍土があります。永久凍土が分布する地域は、北半球では実に25％に及ぶとされています。もちろん、そのほとんどが北極海周辺、つまり北極域です。しかし、永久凍土は地下の状態を示したものであり、まだまだ人間の知見が及ばない範囲でもあります。よく言われる「永久凍土が融けることで、土壌中に閉じ込められていたメタンなどが放出して地球温暖化を加速する」といった現象も、実はあまり確実性の高い話ではないようです。

さて、「そもそも永久凍土とは何か？」といわれると、学術的には「2年以上凍結した土壌、または地盤」と定義されていて、すなわち「ずっと凍ったまま」であることから地下の温度が氷点下であるかどうかが意味を持ってきます。

特に北極線（北緯66・6度）以北を北極圏といいますが、北極圏では6月下旬ころから白夜と呼ばれる、「日が沈まない」時期が訪れます。つまり、高緯度に位置するほど夏になると日が長くなるわけで、当然地表面の凍土は融けます。しかし、冬になるとまた凍結を繰り返すわけですから、永久凍土層はそれらの地表面の土壌（活動層）よりもさらに深いところに存在しています。

どれくらいの深さまで永久凍土が見られるかというと、東シベリアなどでは実に数百メートルの深さに達しているといわれています。東シベリアと同緯度に位置する北ヨーロッパは、西の沖合を北大西洋海流（暖流）が流れていること、そこからもたらされる暖気を偏西風が運んでくることから、高緯度の割には比較的温暖な地域です。そのため北ヨーロッパには、ほとんど永久凍土の分布が見られません。

数百メートルに達するほどの深さの永久凍土が、実際に融けるのかといわれれば、融けるといえるでしょうが、それは今よりももっと温暖化が進み、さらに数千年の時間がかかることでしょう。つまり、温暖化によってもたらされるのは永久凍土の融解ではなく、活動層の深化といえます。

活動層が深化すると、地下の氷が融けて水となって夏には蒸発してしまいます。これによって蒸発して失われた水の分だけ地面が沈んでしまうため、家屋の倒壊などを引き起こしてしまうのです。森林などの被覆物が豊富であれば、太陽エネルギーが地面に到達しにくいわけですが、これらが失われると活動層の深化が進むと考えられます。

★1　地球温暖化で「得する」国がある!?　地理から読み解く時事ニュース
https://www.nomura.co.jp/el_borde/method/0068/

太陽光発電の利用拡大は、中国の存在があってこそ!?

１９９２年の地球サミット（国連環境開発会議）以来、地球環境を劇的に改変するといわれ、二酸化炭素は常に悪者として扱われてきました。そのため世界では、原油や石炭に代わるエネルギーを模索してきました。中でも太陽光発電の利用が拡大しており、２０１０年以降急増しています。

日本でも太陽光発電の利用が拡大しています。日本で太陽光発電の普及が進んだのは、国の政策が大きく影響しました。ソーラーシステム普及促進融資制度（１９８０〜１９９６年）や固定価格買取制度（ＦＩＴ、２０１２年〜）の２つが大きく関わっています。

かつて日本には、１９７３年の第一次オイルショックをきっかけに新エネルギーの技術研究開発を進める「サンシャイン計画」（１９７４〜２０００年）がありました。サンシャイン計画が始まった当初、太陽電池の製造コストは１Ｗあたり数万円もかかっていましたが、現在では数百円程度です。こうして太陽電池の技術がコモディティ化していき、２０１２年の固定価格買取制度が始まると、太陽光発電が一気に進みました。つまり「電気を売るために！」、「地球のために！」と太陽光発電の導入が進みました。

日本の太陽光発電量（TWh）は、２０１１年は４・84でしたが、２０１２年年には6・61、２０１９年には68・95となっています。太陽光発電を行うには日照時間が長い方が有利ですから、日本海側のように冬に大陸からのモンスーンの影響を受けて降水量が多くなる地域は不利です。また日本列島北部も不利です。そのため、日本の太陽光発電量は太平洋側の県で多くなっています。また山梨県や長野県、群馬県といった内陸で年降水量が少ない県でも多くなっています。

さて、近年欧米諸国には「ある懸念」が頭をもたげているようです。**太陽光発電を行うさいのソーラーパネルの多くが、中国で生産されたものである**ということです。中国はいわずと知れた世界最大の石炭産出国です。産出量は世界の50・５％（２０２１年）を占めており、中国の一次エネルギーの中心は石炭です。つまり中国の火力発電は石炭を燃料にしたものがほとんどということです。この石炭火力発電所で作られた電気によってソーラーパネルが生産されているとなると、発電のさいに大量の二酸化炭素を排出しているということです。このまま太陽光発電の利用を拡大させることは、二

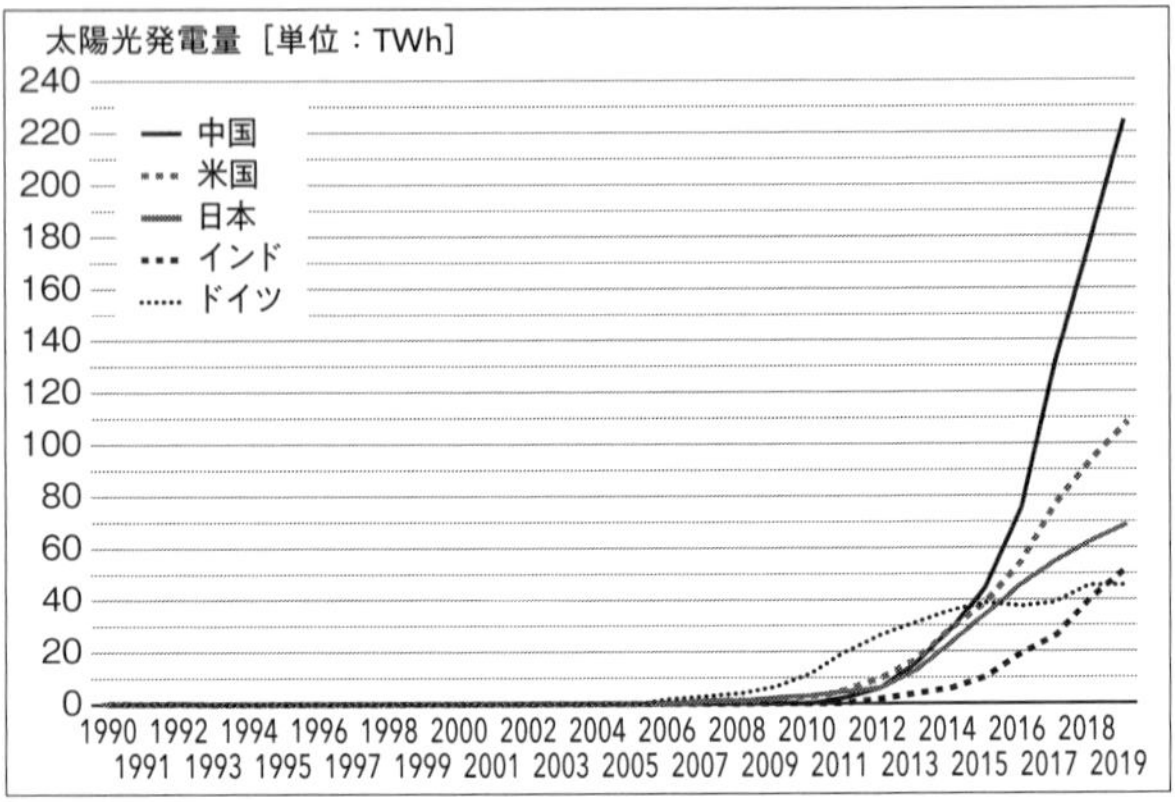

▶世界の太陽光発電量の上位5カ国の推移（出典：米国エネルギー情報局）

酸化炭素排出量の大幅な増加に繋がるのではないかという懸念があるようです。

中国は世界最大の太陽光発電量をほこる国であり、図より、世界の上位5カ国中他の4カ国と比べても発電量が突出しているのがわかります。つまり、国内で産出する安価な石炭を利用して作った電気を用いてソーラーパネルを大量生産しているということです。日本は資源小国であるため、安価な電気を得ることは困難であり、そのため大量の電気を必要とするアルミニウム工業が発達していません。

特にソーラーパネルに使われる多結晶シリコンの供給量は、中国が世界のおよそ4分の3を占めています。多結晶シリコンはアルミニウムと同様、製造過程において大量の電気を必要とします。そのため安価な電力が得られる国でなければ、ソーラーパネルは作れません。中国は「自前で用意できる（国内で産出する）」石炭を用いて、近年では火力発電所を相次いで建設しています。しかもその場所が、シンチャンウイグル自治区や内モンゴル自治区というから、穏やかではありません。まるで漢民族の栄華のために少数民族の生活は犠牲にしても問題は無いかの如くです。

欧米諸国としては、本当はローカルルールでしかないはずの「持続可能な開発」をグローバルルールとして世界中に浸透させるためには、中国には石炭火力発電からの脱却を迫る必要があります。しかし、中国からソーラーパネルやアルミニウム（中国が世界最大の生産国）を大量に輸入しているため、なかなかジレンマがあるようです。もちろん中国が石炭火力発電を止めるはずもなく、2021年7月に開催されたG20環境閣僚会合では、「石炭火力発電の段階的廃止の合意」には、インドとともに反対の意を表明しました。ちなみに、インドは世界第2位の石炭産出国であり、一次エネルギーの中心が石炭の国です。

つまり、中国がいなければ太陽光発電の利用拡大はなかったといって良いのです。

IEA（国際エネルギー機関）がガソリン自動車を廃して電気自動車（EV）を推進し

ているのも、石油製品に依存しない、つまりOPECプラスの動向に左右されない世界を創ることが目的なのであって、これもまたローカルルールでしかありません。そのために「地球温暖化」という耳に心地の良い言葉を持ち出して利用しているに過ぎないのです。まさしく「地球温暖化とは……」といった感じです。

「地球のために！」がエネルギー不足を引き起こす!?

２０２１年10月、ＯＰＥＣ（石油輸出国機構）が実に面白いことを発表しました。

〝世界で石油・天然ガス開発への投資を増やさなければ、消費者は今後もエネルギー不足に直面することになる〟

■ＯＰＥＣ vs ＩＥＡ

これはモハメド・バーキンＯＰＥＣ産油国事務局長（当時）によるもので、昨今の地球環境負荷の軽減を目指した石油や天然ガスへの投資抑制への反論と見られています。私は常々、昨今の温暖化対策に対する世論形成は、「ＯＰＥＣ vs ＩＥＡ」であると考えています。いよいよ、そのことが本格化しそうな情勢となっています。

ＩＥＡによる「温暖化ガス実質ゼロへの工程表」は、２０５０年までに世界の二酸化炭素排出量を実質ゼロにするというものでした。この目的を達成するための手段として、化石燃料採掘の新規プロジェクトへの投資を中止する必要があるとの認識を示したわけです。こうした世論形成は、アホな国民を扇動します。「地球環境を守ろうという意識はないのか!!!」「そんなろくでもないやつらには投資はしない!!!」「IEAは良いことを言う!!!」といったところです。

しかし、OPECとしてはこれまで世界の主力エネルギーであり続けた石油や天然ガスの開発（新規埋蔵の発見、採掘、精製、販売など）への投資が減少すれば、世界市場におけるエネルギー価格が大きく変動し、エネルギー不足に陥ることになると危惧しているわけです。

IEAは「地球環境への負荷を減らそう！」という大義名分をうまく利用し、エネルギーシフトを起こすことで、現在のOPECプラス主導のエネルギー政策に終止符を打とうとしているように見えます。それもそのはずで、IEA（国際エネルギー機関）が設立されたきっかけが1973年の第一次オイルショックによるものであり、同機関がOECD（経済協力開発機構）の下部組織であるからです。

■ノルウェーはどうなる？

ここで、個人的に気になるのがノルウェーの動向です。

ノルウェーの品目別輸出額は最大が「原油」、次いで「天然ガス」です。このことからも分かるように、ノルウェーは「資源輸出」によって経済が成り立っています。「輸出量が多い」は「生産量（または産出量）が多い」と同じと捉えられがちですが、実際は『『生産量－国内消費量の値』が大きい』が現実です。これを「輸出余力が大きい」と表現します。つまり、中国の米のように、世界最大の生産量をほこりながらも、14億3000万人の人口を背景とした巨大な国内消費量を考えれば、輸出余力は小さいと考えられるのです。

ノルウェーは水力発電割合がおよそ94％（2019年）を占めており、沖合の北海油田で採掘した原油・天然ガスを火力発電の燃料としてほとんど使用していません。またノルウェーは540万人程度の人口規模しかなく、寒冷な国ではありながらも暖房設備燃料としての使用量は少ないと考えられます。つまり、原油・天然ガスの国内消費量が小さいため、原油・天然ガスの産出量が世界的に多くないにもかかわらず、輸出余力が大きいわけです。

だからこそ、原油・天然ガスの輸出を自らの意思で自由に行いたいことから、EU(ヨーロッパ連合)には加盟していませんし、今後もする意思がないのです。ノルウェーは原油・天然ガスについては「孤高」の存在といえるでしょう。

原油・天然ガスの価格が上昇すればするほど、ノルウェーの存在感が増していきます。ますますEU加盟の現実味を帯びることはなくなるでしょう。やはり「資源大国は強い!」ということは間違いなくいえると思います。

■ポストコロナ

コロナウイルスのパンデミックがこれから終息していくことを考えると、ますます景気回復のためにエネルギー需要が増大していくことは間違いありません。そのような背景の中で原油・天然ガスの開発が進まなければ、エネルギーの供給不足となることは想像に難くありません。それは原油・天然ガスの価格変動を招き、ますます「やっぱり電気自動車だよね！」となりかねず、ＩＥＡの思うつぼといったところでしょうか。

そうなるとリチウムの需要が高まるわけで、オーストラリアの存在感が増してくるわけです。これは、「電気自動車の開発が進むと、世界中で『あの国』が注目を浴びる！」にて書いた通りです。

こういった背景を敏感に捉えているなと感心するのが、中国です。中国は、すごく電気自動車に力を入れています。電気自動車の生産拡大が、良いか悪いかは別にして。わが国でも、こういった未来を読める人が経済を動かして欲しいなと思います。

結局は、「地球のために！」とばかり考えていると、世の中でエネルギー不足が起きかねない状況にあることは、認識しておくことが重要です。経済はエネルギーがなければ成り立ちませんからね。

■全固体電池

自動車業界は「意識高い系」のヨーロッパ諸国が、単に「ＯＰＥＣプラス」にエネルギー流通を握られたくないものだから、「次は電気自動車だぜ！　これこそが地球環境への負荷を小さくするんだぜ！」と豪語して、「地球温暖化議論」を利用している昨今です。

トヨタ自動車の豊田章男社長が、「おいおいおい、電気自動車ばかり作れば良いってもんでもないことを、なぜ貴様らは理解できないんだ!!!」とぶち切れていたのを見ると、私ごときが言うのもなんですが、「さすが！」だなと思いました。

そんなトヨタは、実用化が難しいと考えられている全固体電池への技術投資を進めています。ほとんどの電気自動車（ＥＶ）にはリチウム電池が使用されていて、地理目線でいえば「オーストラリアでの産出量が多い」ですが、物理目線でいえば「エネルギー密度が高く、急速な放電、充電が可能。しかし、発火や破裂の事故が後を絶たない」となります。確かに、近年は供給量の増大で価格の低下が見てとれるようですが、発火の危険性はなかなかクリアできるものではありません。飛行機に搭乗するさい、「リチウム電池を預け荷物にしてはならぬ！」という約束事があるのはそのためです。

アメリカ合衆国のゼネラルモーターズ（ＧＭ）は、リチウム電池の発火に関連した製造上の欠点を修正するため、電気自動車「シボレー・ボルト」のリコールを、２０２０〜２０２１年の間になんと14万２０００台も引き受けました。自動車会社としても、リチウム電池の発火は大きなリスクとなっているようです。

一方の全固体電池は、充電時間の短縮が望めるほか、リチウム電池のような発火の危険性が小さく、液漏れが起こらず、劣化しにくいというメリットがあります。特に「安全性が高い」というメリットは大変魅力的です。

もちろんデメリットもあります。電極と電解質の界面抵抗が大きいため、電池として出力を上げにくいというものです。しかし、これは将来的には克服される可能性があるとのことです。そして、全固体電池の技術は今のところはコスト高であり、大量生産による価格の低下まではまだまだ時間がかかりそうとのことです。

ヨーロッパの自動車企業の多くは新興企業に投資して、大量生産を目指していますが、トヨタは全固体電池の自社開発を目指しています。コンサルティング会社アリックスパートナーズの試算によると、バッテリー新興企業数社が受けている投資額はおよそ2240億円にのぼるとのことです。

実際に、2021年9月にドイツ・ミュンヘンで開催された国際モーターショーにおいて、BMWのCEOが「次の技術が登場するとすれば、それは全固体電池だと考えている」と述べています。問題は、「大量生産が可能になるのはいつなのか?」ということ。「大量生産の目処が付いた!」との発表があったとたん、関連銘柄の株価が爆上がりするのかもしれません。

技術は日進月歩です。決して、「地球温暖化論」だけで語って良いものではありません。そういう思考停止に陥った人たちが作るムラ社会に足を踏み入れないようにすることが、車に乗るよりも大事なのかもしれませんね。

なぜフランスは「原発推進」なのか？

2021年11月、フランスのマクロン大統領が「原子力発電所の建設再開」を発表しました。総発電量に占める原子力発電量の割合をみると、2019年時点でフランスは70・16％と世界で最も高い割合をほこりますが、それでも、2005年、2006年ともに79・16％を記録していたことを考えると、フランスが原子力発電への依存度を下げていたことが分かります。しかし、ここへ来て原子力発電所の建設再開を発表する背景としては、2050年に温室効果ガスの排出量実質ゼロを達成するために必要だという理屈のようです。

思い起こせば2009年のこと、当時総理大臣の座にあった鳩山由紀夫は、「2020年までに温室効果ガスの排出量を1990年比で25％削減する」と国際公約をし、「そのためには原子力発電比率を50％以上にする」との計画を立てていました。結局は2011年の東日本大震災による福島第一原発事故をきっかけに「2030年代までに原発ゼロにする」という方針に転換しました。
今回のフランスが進める原子力発電所の建設再開は、「脱炭素政策」が背景にあることは間違いありません。そして、イギリスで開催されたCOP26（国連気候変動枠組条約第26回締約国会議）の開催中での発表でした。

今回の件は、ポイントは2つです。

①EU域内では、「原発推進」のフランスと「脱原発」のドイツが同居していること
②そもそもなぜフランスは「原発推進」なのか？

■「原発推進」vs「脱原発」

フランスが原子力発電割合の高い国であることは先述の通りです。一方のドイツは、「脱原発」を掲げる国として知られていて、再生可能エネルギーを軸とした電力供給へと切り替えようとしています。きっかけはもちろん、2011年3月に「どこかのアジアの島国」で発生した原発事故です。

2011年当時にドイツ首相であったメルケルは、福島第一原発事故をきっかけに2011年5月の段階で2022年末までの原発ゼロを決めました。元々ドイツでは、世界で初めてパークアンドライド方式を導入したフライブルクに象徴されるように環境に対する意識の高い国でもありました。ドイツの「同盟90／緑の党」という政党が、野党ではありながらも議会で4番目に多い議席を獲得していることからも分かる話です。ドイツは2011年当時に17基あった原発をすでに6基にまで減らしていて、代わりに再生可能エネルギーは2011年当時の17％から、45％にまで上昇させています。総発電量に占める風力発電量の割合（2019年）をみると、デンマーク55・4％、アイルランド33・6％、ポルトガル27・1％、スペイン21・2％と高い水準です。確かに、ドイツ（21・8％）は、デンマークやアイルランド、ポルトガル、スペインなどと並んでヨーロッパでは風力発電が盛んな国として知られています。ちなみに日本は0・78％とかなりの低水準です。

これは国としての政策が大きいことはいうまでもありません。また、これらの国は偏西風帯に位置していることもあり、西寄りの風の影響を強く受け、国土の西部に偏西風を遮る高峻な山脈が存在しないことの「地の利」もあげられるでしょう。しかし、

「いつ風が吹くのか?」「いつお日様が顔を覗かせるのか?」といった、再生可能エネルギーには不安定要素があることもまた事実です。

しかし近年の技術革新によって、再生可能エネルギーのコストは減少傾向にあります。脱原発を掲げ、代替電源として火力発電量が増えて二酸化炭素の排出量が増えたかというと、実は過去10年間でドイツの二酸化炭素排出量は3分の2にまで減少しています。「脱原発」が「再生可能エネルギーの推進による脱炭素」を進めているといえます。

一方で、EUにはフランスのように「原発推進」を掲げる国もあるわけです。原発を推進することで脱炭素を目指そうとしているわけです。「原発推進」も「脱原発」も「脱炭素」という点では共通項があるといえるでしょう。しかし、原子力発電には放射性廃棄物の問題が存在します。ここにEUが目指す循環型社会の構築と矛盾があるわけで、こうした整合性をいかにして取っていくのか大変気になりますが、まるでドイツとフランスがEU域内での役割分担をするかの如くといえそうです。

つまり**エネルギー政策については国単位ではなく、地域単位で観察すべき**といえます。

■そもそもなぜフランスは「原発推進」なのか？

フランスが原子力の開発を進めたのは１９７０年代のことです。

フランスに限らず、ヨーロッパ諸国はもれなく鉱産資源に乏しい国ばかりです。北海油田の恩恵を受けているノルウェーのような原油や天然ガスが主要輸出品目となっている国もありますが、基本的には旧植民地や中東諸国、そしてロシアから融通してもらっているのが現状です。

１９６７年、ナイジェリアでビアフラ戦争が勃発しました。ビアフラ戦争とは、ナイジェリア南東部で発見されたポートハーコート油田の石油資源を背景に、イボ人が独立を画策したことに対して、南西部のヨルバ人と北部のハウサ人が「待った！」をかけた戦いです。

しかし、ビアフラ戦争はそんな単純なものではありませんでした。ヨルバ人・ハウサ人はイスラームを信仰する民族であり、イボ人はキリスト教を信仰する民族です。宗教上の対立も見え隠れしていました。さらに、ヨルバ人・ハウサ人をイギリスとソビエト連邦が、イボ人をフランスと南アフリカ共和国がそれぞれ支援しました。戦争というのは「刀折れ、矢尽きる。そして闘魂燃え尽きた」ところで終わるものですが、後方から支援する国がいるため、刀や矢は補充されて尽きることはなく、おまけにビンタで闘魂を注入されるわけです。結局1967年に始まったビアフラ戦争は1970年まで続きました。

なぜ「イギリス・ソ連」や「フランス・南アフリカ」が支援したのかを考えてみます。イギリスはナイジェリアの旧宗主国であり、かつての植民地が現状変更されることを嫌ったと考えられます。またソビエト連邦はアフリカ大陸における植民地を持っていないため「美味しい利権」にありつけると考えて参戦してきたのでしょう。もちろんこのあたりは色々な説があります。しかし問題は、「フランス・南アフリカ」です。

フランスは、イボ人が独立してビアフラ共和国を建国した暁には、優先的な原油の輸入を考えていたといわれています。つまり原油の供給元を確保するためにイボ人の独立を支援したわけです。南アフリカはアパルトヘイトを実施していたことで原油の禁輸措置を採られていたため、こちらも原油の供給元を欲していたと考えられます。

さらに話を遡ると、かつて「ヨーロッパ・ギニア湾岸・アメリカ大陸」の間で「三角貿易」をしていた時代、ヨーロッパからギニア湾岸へ「カネ・ブキ」が渡り、イボ人がハウサ人を「黒人狩り」していた歴史から、ハウサ人のイボ人への恨み辛みは、それはそれは大きいものがあったようです。そのためイボ人は「黒い白人」と揶揄されたといわれます。

しかし戦争はイボ人の敗北で終わります。そしてフランスと南アフリカ共和国は原油の供給元確保の夢が潰えます。その後、フランスは原子力発電へと舵を取るようになり、南アフリカ共和国は石炭中心のエネルギー政策を継続していきます。その後イラン・イラク戦争や湾岸戦争、イラク戦争が起こっても、特にフランスは大きなダメージを受けずにすんだのは原子力への依存度が高かったからといえるでしょう。

また2011年の東日本大震災による福島第一原発事故が起きたさい、フランスのサルコジ大統領(当時)が日本へやってきて「俺たちは原発政策に明るいからよ、良かったら話を聞くぜ！　この難局を乗り切ろうぜ！」と持ちかけました。それは当然のことで、原発事故をきっかけに世界中の世論が「脱原発」に傾いてしまうと、最も困るのはフランスなわけです。ですから、フランスの国益を考えれば、あのときの日本にはどうしても原発事故による被害を最小限にとどめてもらう必要がありました。そういう意味で、サルコジ大統領は現職の大統領として120点の仕事をしたといえます。決して日本のためを思っての外交ではないことは言うまでもありません。

■「脱炭素」ビジネスモデルの構築

結局のところ、「脱炭素」は地球温暖化防止を考えてのことではありません。「脱炭素」を謳った新しいビジネスモデルの構築、そして「ＯＰＥＣプラス」、近年シェールオイルの産出によって世界最大の産油国となったアメリカ合衆国、これらの国々が握る世界のエネルギー政策の潮流を自らの手に収めたいというヨーロッパ各国の欲望が渦巻いているように見えます。

だからこそ、ＣＯＰ26にて採択された「グラスゴー気候協定」について、イギリス・ジョンソン首相（当時）は「『石炭火力発電の最後』を告げる『ゲームチェンジング的な、状況を一変させる合意だ』」と述べたわけです。さすがボリス・ジョンソンです。元々はＥＵ離脱反対だったにもかかわらず、「首相になれるなら主義主張だって変える！」とばかりにＥＵ離脱賛成に回った男。「イギリスのトランプ」などを呼ばれたこともありましたが、ドナルド・トランプの方がずっと信念があったと思います。

環境問題の世界的な潮流は近いうちに破綻します。日本が採るべき道は、「地球温暖化防止に尽力する！」との旗を掲げつつ、誰も見えないところで「刀」を磨いておくことではないでしょうか。

「夢のエネルギー」はありうるか？

――グリーン水素と再生可能エネルギー

「次世代エネルギーの決定版！」、世界はこんな夢のような話を現実の物とするべく、日夜研究に時間とお金をかけています。時に政治力学が働いて、「エネルギーの主導権争い」でしかないのに、「地球温暖化防止！」を大義名分に掲げ、盲目的な味方を付けることで世論形成を図っていきます。

典型例なのが電気自動車（ＥＶ）でしょう。私はこれまでメルマガで一貫して主張してきましたが、ＥＶの推進は、「エネルギーのＯＰＥＣ（またはＯＰＥＣプラス）依存度を下げる」ことが目標であり、化石エネルギーの埋蔵量に底が見えてきたからとか、地球温暖化を防止するためとか、そういったことが背景ではないと思っています。

つまり、**完全なる西側諸国による「ローカルルール」に過ぎないのであり、これを「グローバルルール」であると盲信させるところに意味があるわけです。**ＳＤＧｓもしかりです。

やはりルールを作る側に回らないと意味がありません。

■グリーン水素とは何か

グリーン水素とは、水を電気分解し、水素と酸素に分解して生産される水素のことです。この時生成される水素を利用し、誤解を恐れずにいえば酸素は大気中に放出するので、環境負荷が小さいと考えられています。また、酸素の用途は検討課題の一つでもあります。

もちろん、電気分解するわけですから電気を必要とするのですが、太陽光発電などの再生可能エネルギーを主に利用するため、二酸化炭素の排出を抑制することができるということになっています。

最近、オーストラリアがグリーン水素の製造拠点として注目を浴びています。というのも、オーストラリアはまだその割合は低いものの、近年、再生可能エネルギー発電比率が急上昇しています（次頁の図）。

オーストラリアの西オーストラリア州では、26ギガワットの発電能力をもつ工場が建設されていて、これはオーストラリアの総発電量のおよそ3分の1に相当する年間

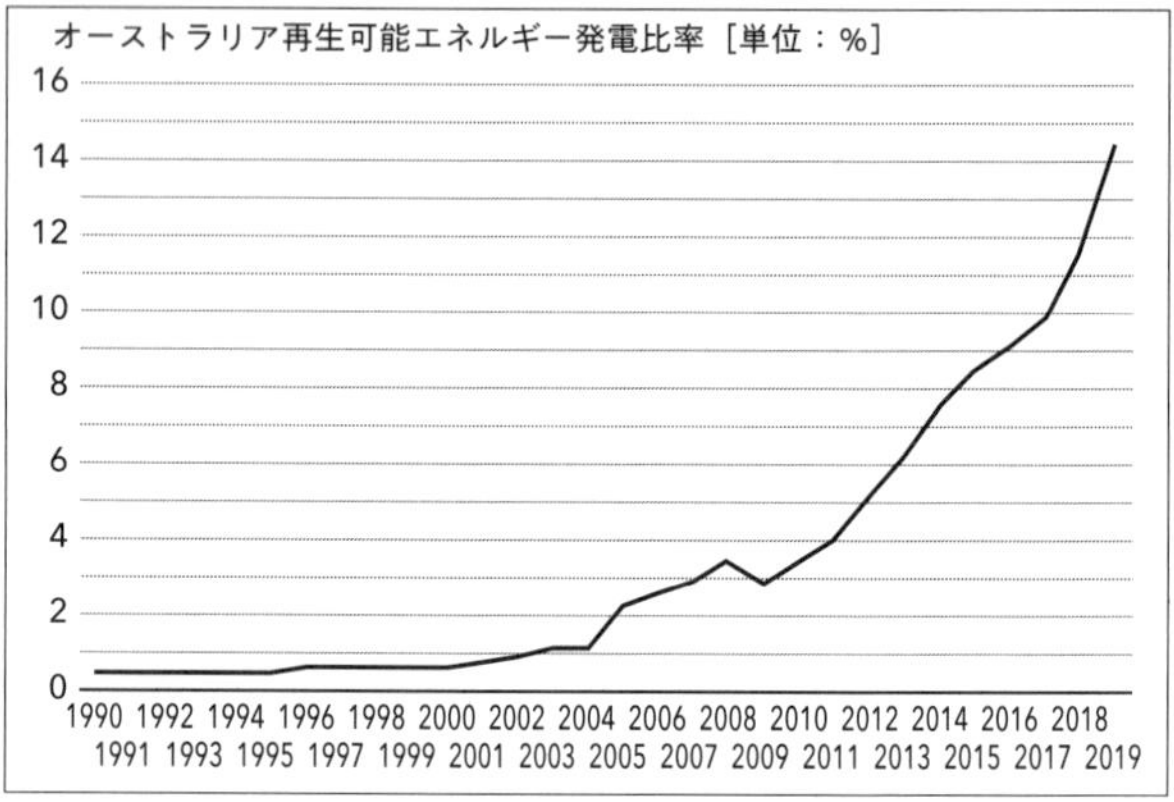

▶オーストラリアの再生可能エネルギー発電比率（出典：米国エネルギー情報局）

90TWhを生産できる量に相当します。

鉄鋼業において、鉄鉱石から鉄を取り出す場合、石炭を乾留したコークスが利用されます。鉄鉱石は酸化鉄（二価鉄）であるため、コークスを利用して還元しますが、一方で一酸化炭素や二酸化炭素が排出されます。

高度な技術が要求されるものの、コークスに変わってグリーン水素を利用することで、酸化鉄が還元され水素と結合することで水だけが排出されるという仕組みを利用するようです。

もちろんドイツやスペイン、アメリカ合衆国など、世界のいたるところでグリーン水素の研究が進んでいるようです。

現在、世界最大の水素生産国は中国です。

これが、中国が水素燃料電池市場を席巻している背景となっています。そしてこの水素を利用した水素自動車の生産台数が急増しています。

しかし、それ以上に水素自動車の販売台数をあげているのが、トヨタ自動車の「ミライ」です。2021年1～11月だけで、世界販売台数がおよそ5600台に達しています。ちなみに、日本に存在する水素自動車は、トヨタ自動車の「ミライ」だけです。以前はホンダの「クラリティ」もありましたが、こちらは2021年8月に生産が終了しています。

■グリーン水素生産の障害

水素といえば、宇宙に豊富に存在する元素です。この水素を水から電気分解によって初めて取り出したのは1804年のことで、水素で動く燃焼機関を開発しました。石炭や天然ガスを利用した水素の抽出はすでにアンモニア製造にて行われていますが、結局は多くの温室効果ガスを排出しています。グリーン水素は、再生可能エネルギーを使って電気分解を行い、水蒸気だけを排出します。そのため決して目新しいエネルギーではありませんが、航空、海運、鉄鋼業など、脱炭素化にとって注目度が高いというわけです。

つまり、昨今の技術水準の向上、そして各国政府が本腰を入れて取り組むか否かに懸かっているということです。その潮流が変わったことがはっきり見てとれるのが、2020年12月から2021年8月までの間でグリーン水素プロジェクトが世界で3倍以上に増加しているということです。現在はまだグリーン水素の生産量が年間1トンにも満たない状況ですが、2050年までに1億6000万トンに増えるだろうと予測されています。


物事には一長一短あるわけですが、果たしてグリーン水素は夢のようなエネルギー政策の端緒となるのでしょうか?

「電気分解」のさいの電力をどのように得るかと考えると、再生可能エネルギーによる電力生産量を大幅に増やす必要が出てきます。日本において、山地斜面の森林(二酸化炭素の吸収源)を伐採して太陽光パネルを設置して太陽光発電を行うのは本末転倒な気がします。また森林を伐採することで地盤が脆くなり土砂崩れなどが起きやすくなることを考えると、山がちな日本において太陽光発電はマイナスの方が大きいとしか思えない状況です。

また水素燃料電池は充電式のバッテリー式電気自動車に比べてエネルギー効率が悪いことも指摘されています。

しかし、先述のように航空、海運、鉄鋼業など、脱炭素化が難しい産業についてはグリーン水素を利用することに意味があるかもしれないとも考えられています。

結局は水素も燃料の「一つ」にしか過ぎないということなのでしょう。何かが何かに取って代わることがあると考えるのは危険であり、適材適所で利用していくことが最適なのだと思います。

「エネルギー」で過渡期にある中国

——深刻な石炭不足

現在、世界最大の石炭産出国は中国です。世界全体に占める割合は２０２１年で50・５％を占めており、２位のインドが９・９％ですから、圧倒的な産出量であることが分かります。石炭の輸入量をみると、２０１９年時点の世界最大は中国です。実に、世界の20・５％を占めています。つまり、中国は産出量は多いが需要に追いついていないため輸入もするといった状態です。しかし、そんな中国では今、深刻な石炭不足に悩んでいるそうです。

実は、中国は老朽化した炭鉱の閉鎖によって石炭の産出量が減少しました。特に２０２１年３月から８月にかけての石炭産出量は、前年比で平均１・５％減少しました。それでいて、脱コロナを見据えてか、中国国内の電力需要が増加傾向にありました。

「炭燃やす　中印豪と　南アポー」とは、石炭を火力発電の主力エネルギーとしている国を覚えるための五七五です。私が、生徒に覚えてもらうために授業中に披露しているダジャレのようなものです。「中印豪と　南アポー」とは、中国・インド・オーストラリア・南アフリカ共和国・ポーランドの5カ国を指しています。中国は石炭を主力エネルギーとしていること、世界最大の粗鋼（材料は鉄鉱石や石炭など）の生産量をほこるからこそ、国内需要が大きく産出だけでは追いつかないため輸入もしているわけです。

当然のことながら、暖房設備の使用頻度が高くなる冬が近づくにつれて、エネルギー需要が高まります。中国では、2021年の冬を前にして国内の発電所が抱える石炭の在庫が急減し、すでに「二週間分の在庫しかない！」といった発電所が出てきていました。そこで中国は電力不足を解消するために、石炭使用を抑制する従来の方針を撤回し、発電用燃料としての石炭採掘を急ピッチで進めました。結局、2021年の中国の石炭産出量は前年を上回り、過去最高となりました。

さらに「輸入量を増やせば良いではないか!!!」と考えるのが普通ですが、第2章「中国経済のこれからを考える」でも述べた通り、2020年秋頃から中国とオーストラリアは舌戦を繰り広げているのでオーストラリアからの石炭輸入ができなくなっていました。そして、実は案外知られていませんが、現在の石炭の最大輸出量をほこるのはインドネシアです（最大輸出額はオーストラリア）。

では、禁止されたオーストラリア産石炭の代替供給地として、インドネシアが完全に機能するかといえば、そう簡単な話でもなさそうです。インドネシアは赤道直下で高温多雨の国、豪雨が続くと石炭に限らず供給障害が起きるため、安定供給が難しいようです。中国が冬を迎えて「石炭が欲しいぞー！　もっと売ってくれー！」となったとしても、インドネシアは常夏ですので、「うるせー、黙れハゲー！」と本腰をいれるとも思えません。

「石炭をたずねて三千里」といった中国ですが、皮肉なことに石炭価格が上昇していることもあって供給が困難のようです。これが２０２１年秋頃からよく聞かれた「中国の電力不足」の背景です。

産出できない、輸入できない、そんでもって国内供給が難しいとなれば、国内需要を小さくするしかなくなります。また昨今の「地球に優しい」産業構造を構築するという大義名分を利用して、それを実施することもできるでしょう。共産党一党独裁の中国ならばそれが可能です。中国の重工業は当分の間は停滞する恐れがあります。

逆に中国だからこそ、「老骨にむち打つ」が如く、老朽化した国内の炭鉱を再稼働させて、石炭を掘りまくった、そして新規炭鉱の開発を急いだわけです。

エネルギー多消費型の経済成長は、いつか破綻します。それは突然やってきます。1973年の第一次オイルショックが好例です。どこからどうみても、中国は過渡期を迎えていると言っても過言ではありません。

インドの「緑の革命」

「緑の革命」という言葉をご存じでしょうか？

「緑の革命」とは、急激な人口増加を背景とした発展途上国の食糧需要の増大に対応するため、穀物生産量の増大を進めた農業改革のことです。一般に「緑の革命」といえば、インドでの米の高収量品種の導入による食糧不足の解消を指すことが多いです。

「緑の革命」の端緒は、1941年にロックフェラー財団とメキシコによって共同開発された小麦の高収量品種といわれています。アジアにおいては、フィリピンの首都マニラに設立された「国際稲研究所」が米の高収量品種の開発を進めたことに端を発します。このとき開発された品種は「IR8」といい、「ミラクルライス（奇跡の米）」と呼ばれました。高収量品種を栽培すると、単位面積あたりの収穫量が増加します。

新しい水田を拓かずとも、米の収穫量が増えることを目指します。つまり、「土地生産性を向上させる」ということです。

しかし、ＩＲ８が高収量品種である以上、それまでの品種と比較してもかなり多くの米を実らせるわけですから、稲の上部が重くなります。「実るほど頭を垂れる稲穂かな」ということわざがあるように、稲というのは実（米）をつけると、その重さで上部が下方を向きます。しかしＩＲ８の場合は、下方を向くどころか、稲が倒れてしまうことがあったようです。如何にして下部の強さを出すか、この研究が大変だったといいます。

さらに、ＩＲ８の栽培には大量の水だけでなく、化学肥料や農薬、灌漑施設（動かすには電力が必要）を必要としたため、ＩＲ８を導入できる農家とそうでない農家で格差が生まれてしまいました。１９６０年代後半のことです。

さて、第二次世界大戦後のインドの食糧事情を見てみましょう。

大きく４つに区分することができます。

■インドの食糧事情の変遷

第一期は、1960年代半ばまでの慢性的に食糧不足だった時代です。食糧生産が人口増加においつかず、食糧輸入が常態化していました。1960年代半ば頃には年間1000万トン近くの穀物を輸入していました。この年間1000万トンは、現在の日本の1年間の米需要702万トン（2021年）よりも大きい数値です。1960年代半ばのインドの人口は、すでに5億人ほどになっていましたので、すでに米需要が膨大な量になっていました。ちなみに、インドの人口は2024年には中国を抜いて世界最大になると考えられています。

第二期では、緑の革命を導入して穀物生産量が増大しました。それにともなって食糧自給を達成しました。緑の革命では高収量品種を導入することで単位面積当たり収穫量を増大させ、穀物生産量の増大に繋がりました。これによってようやく生産量が国内需要に追いつきました。第二期における、インドの食糧自給の達成は緑の革命によるものといって良いでしょう。

しかし国単位での食糧自給は達成したものの、国内の地域別でみるとかなり偏りがありました。そもそも緑の革命とは、高収量品種の導入だけでなく、灌漑設備や化学肥料、電力といった投入財を必要としましたので、資金を多く必要としました。そのため、先述のように緑の革命の恩恵を受けられた農家は富有農家に限られ、余計に貧富の差が拡大したと考えられています。

国単位での需給バランスが整ったとはいえ、国内の地域単位ではいまだ格差があり、多くの国民が慢性的な貧困と栄養不足に苦しむ状況が続いたとされています。

そのため第三期では緑の革命を、パンジャブ州、ハリヤーナー州などの西部地域から全国規模へと波及させていきます。これら西部地域はイギリス植民地の時代に、インダス川上流部から分水する灌漑用水路網の建設によって入植が行われた地域でした。そのため、緑の革命にとって最も重要な条件が最初から整っていたのです。

また第三期においては、1人あたり年率1%の低成長から抜け出し、本格的な経済成長を始めた時期でもありました。これにより国民1人当たりの所得水準が向上し、食糧購買力が付いたことで、販売が拡大していきます。一方で栄養水準の向上もみられた時期でもあります。

第四期は安定して穀物輸出が可能となった時期です。緑の革命によって食糧自給を達成し、増えゆく人口、増大する食糧需要を支えるだけでなく、穀物を輸出するだけの生産が可能となった時期です。１９９５年以降、タイに次いで世界第二位の米輸出国となりました。そして、２０１２年以降は世界最大の米輸出国となり、その後はタイと首位争いをしています。

２０００年代になると、米だけでなく、小麦の輸出量も増加するようになりました。しかし、インドが穀物純輸出国となったのは、決して国際競争力を高めたからではありませんでした。

緑の革命においては灌漑設備、高収量品種の導入、化学肥料、電力など様々な投入財を必要としました。特に１９８０年代以降はこれら投入財の使用が急増し、政府が補助金を投入したことを背景に、財政を圧迫していきました。これらの補助金は、１９９０年代半ばには対ＧＤＰ比で３％近くに達するなど深刻化していきます。

中でも電力の補助金は州政府の負担となっており、各州では電力供給を行う電力公社を設立し、電力需要に対応してきました。農業用電力料金は低水準に設定して、長年それを据え置いたためさらに財政負担が拡大しました。こうして穀物生産量を増大させ、輸出余力を高めて輸出量を増加させてきたのがインドなんですね。

アメリカのエネルギー戦略
——原油の都パーミアン盆地

みなさまは、「パーミアン盆地」という場所をご存じでしょうか？　「パーミヤン盆地」ではありません、「パーミアン盆地」です。

地図帳にも掲載されていないこの盆地は、よほど無名な場所なのか、変換しても「パー見アンボン値」となってしまうほどです。「アンボン値」とは何の値でしょうか。ポンコツ変換のＩＭＥではなく、優秀なＡＴＯＫをもってしてもこれです。

さて、パーミアン盆地は、アメリカ合衆国南部のテキサス州からニューメキシコ州にまたがる地域です。アメリカ合衆国南部といえば、原油の埋蔵が多くみられる地域として知られています。このたび、アメリカ合衆国カリフォルニア州に本社を置く、シェブロン社がパーミアン盆地での産油量を前年比で15％以上増加すると上方修正をしました。

パーミアン盆地は原油だけでなく、シェールオイルやシェールガスなどの産出地として知られています

■シェブロン社とオイルショック

シェブロン社が設立されたのは1879年のこと、当時の社名は「Pacific Coast Oil」といいました。1900年にスタードオイル社に買収され、1911年の独占禁止法の適用で分割されると、スタンダードオイルオブカリフォルニアと名前を変えました。

そして1932年にはサウジアラビア東部の石油採掘利権を獲得します。ここから、採掘から販売までを手がける、つまりオイルメジャーと呼ばれる巨大企業へと成長していきます。1950年代に、石炭から石油へとエネルギーの主力が移行する「エネルギー革命」がこれを後押ししました。

そもそも、原油の埋蔵場所を探査し、採掘するには高度な技術と資本が必要です。中東の産油国は「自国のどこかに原油の埋蔵があるだろうけど、探せないし、掘り出せない」という状況だったため、「オイルメジャー」と呼ばれる石油関連企業に採掘

権を与え、その対価を得ていました。

当時、オイルメジャーと称される石油関連企業は7つ存在しました。スタンダードオイルオブニュージャージー、ロイヤルダッチシェル、アングロペルシャ、スタンダードオイルオブニューヨーク、スタンダードオイルオブカリフォルニア、ガルフ石油、テキサコの7つです。これらの7社は**「セブンシスターズ」**と称されて、世界の石油関連産業を一手に担っていました。

オイルメジャーの参入が産油量を増やし、世界市場への流通量が増加すると、石油価格は安価なものとなり、普及が進んでエネルギー革命が起こったと考えるのが自然な流れです。

しかし、石油利権の強大さに気づいた産油国は、自国に埋蔵する原油を経済発展に活かそうと考えて、石油産業を国有化していきます。いわゆる「資源ナショナリズム」の高揚です。

そして、産油国が連携して石油産業の独占を目的としたカルテルを結成します。いわゆる「資源カルテル」と呼ばれる組織として、ＯＰＥＣ（石油輸出国機構）やＯＡＰＥＣ（アラブ石油輸出国機構）が結成されていきます。

1973年10月6日に勃発した第四次中東戦争を背景に、10月16日になるとOPEC加盟国のうちペルシア湾岸諸国6カ国が原油の公示価格を70%引き上げることを発表し、翌日にはOAPECが産油量の段階的削減を決定します。いわゆる第一次オイルショックです。

オイルショックは1979年にも起きました。この1970年代の2度のオイルショックによって、石油関連企業の再編が進み、同じくセブンシスターズの1社であったガルフ石油と合併し、ここにシェブロン社が誕生しました。さらに2001年には、テキサコを買収してシェブロンテキサコ社となり、2005年に再びシェブロン社となります。

■アメリカ合衆国の戦略というか、バイデンの思惑

フラクチャリングという技術が開発されて以来、産油量は飛躍的に増加し、現在、アメリカ合衆国は世界最大の産油国となっています(次頁の図)。

シェブロン社は2025年までにパーミアン盆地での産油量を1日あたり100万

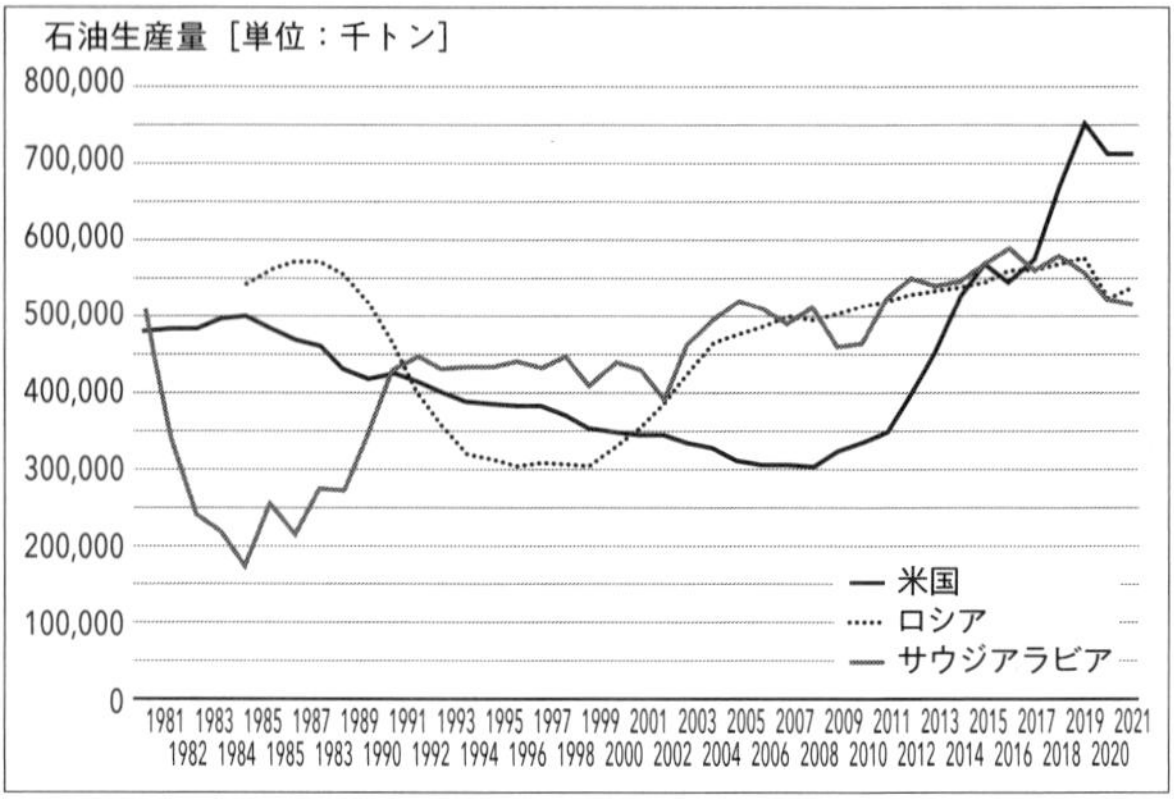

▶上位3カ国の石油生産量推移（出典：BP）

バレルにまで引き上げることを目指しています。これを進めていく上でシェブロン社が重要視しているのが、完成間近の坑井《こうせい》を複数設けておき、需要増にいつでも対応できるように準備しておくことです。

実は２０２２年6月12日に、アメリカ合衆国のバイデン大統領が、石油大手7社に対して、ガソリンやディーゼルなどの供給量を増やすために生産量を高めるよう要請しました。昨今のロシアによるウクライナ侵略を背景に、エネルギー価格が高騰していることを受けた、機動的な要請と考えられます。こういうところが、アメリカ合衆国の強さといえます。

バイデン大統領の要請に対して、エクソ

ンモービル社は反論しています。忙しい人のために、かいつまんで説明すると、
「おい、バイデンてめぇ！　俺たちは過去5年間で500億ドル以上の投資を行ってきたし、そのおかげで産油量が50％も増大した！　コロナ禍で200億ドルの損失を出しても、投資は続けてきたんだ！」
ということです。「お前に言われなくても、投資は続けている！」と強調しています。そして、さらなる投資を促すためにも様々な法改正が必要であることも強調しました。

ロシアによるウクライナ侵略が勃発してからおよそ1か月後の3月、バイデン大統領はアメリカ国内で備蓄されている石油のうち、1億8000万バレルを放出すると発表していました。もちろん、ロシアによるウクライナ侵略によるエネルギー価格の高騰を受けてのことでした。

ウクライナ侵略を受けて、欧米諸国がOPECプラスに対して増産を要請していたにもかかわらず、OPECプラスは「どこ吹く風」とばかりに現状維持を決定していました。これに対して、アメリカ合衆国は「今回の高騰は一過性のものである」

との認識を示し、「ロシアのせいだ！」と言わんばかりの態度を表明しています。

そして「これに乗じて、お前らが利益を増やそうとしているのは、アメリカ国民のためにならん！」とばかりに石油関連企業に対する要請を出したということです。だからこそエクソンモービル社が反論したわけです。

この一環として、アメリカ合衆国は6月14日に4500万バレルの放出を行うことを発表しました。

つまり、アメリカ政府は、備蓄されている石油を市場へ放出することで、供給量を増やそうとしているわけであり、さらに石油関連企業に対して「もっと採掘しろ！」と言っているわけです。

この狙いが、2022年11月に実施予定の中間選挙を睨んでのものであることは明白です。1億8000万バレルを4回に分けて放出するのですが、10月までに全量を放出する計画であることからも分かります。

しかし、石油関連企業としてもコロナ禍での損失を取り戻す良い機会であることは間違いありませんが、「脱炭素」の文脈でさらなる産油量の拡大がどこまで実現できるかは未知数であるとも考えているようです。

「中間選挙を睨んでの政策」と聞けば、バイデン大統領の「延命策」のように聞こえて、実にいやらしく思えますが、ひいてはそれがアメリカ国民のためになるのであれば、大変良い政策です。

■経済は土地と資源の奪い合い

拙著『経済は地理から学べ！』で記したように、「経済は土地と資源の奪い合い」であると改めて思います。

資源を持っている国は強い。それを外交カードにすることができますから。中国が日本に対して「レアアースを売ってやらないぞ！」と脅し、古くは冷戦時代、東西間交流が困難だったため、西側諸国はレアメタルを南アフリカ共和国から輸入していたこともあり、アパルトヘイトを黙認せざるを得なかったなんてことがあったわけです。

資源を持っている国は強い。資源保有国の声は大きい。それこそが彼らの安全保障でもあるのです。

日本に存在する資源は、「人間」です。だからこそ、教育に未来を託すことが何より重要なのです。でも、それもまた多くの日本人が理解していないという、かなり悲観的な状況にあるわけです。

ということで、四の五の言わずに選挙にいきましょう。

イスラエルとヨルダンが水・エネルギー分野で協力する！

2021年、イスラエルがヨルダンと水・エネルギー分野での協力をしていくとの合意がなされました。

イスラエルを簡単に解説すると、

・ユダヤ人国家（とはいえ、公用語はヘブライ語とアラビア語）
・周囲をアラブ人国家に囲まれて四面楚歌
・そのため先端技術力の向上に力を入れ、軍事力を高めている
・ダイヤモンド加工業が盛ん
・点滴灌漑を開発して食料の自給を達成した

といったところです。

そして、ヨルダンは、

・立憲君主制の王国（ハーシム家による世襲）
・多くの国民がパレスチナ難民とその子孫
・西アジアにあって穏健派の国
・1994年イスラエルと平和条約を締結

1994年、ヨルダンはアラブ人国家としてエジプトに次いで2番目にイスラエルと国交を樹立させた国です。こうした背景がなければ、ユダヤ人国家とアラブ人国家の経済協力は困難であるといえます。さらに、協力合意が「水・エネルギー分野」となっていること、さらに両国をアラブ首長国連邦（UAE）が仲介していることが大変興味深いです。

ここにUAEが登場するというのが意外かもしれませんが、こちらはアメリカ合衆国が仕掛けた「対イラン外交」の一環により、イスラエルとUAEが電撃的に国交を正常化したという経緯がありました。2020年8月13日のことでした。この背景については、以前私がYahoo!ニュースに寄稿したことがありますので、お時間あるときにでもそちらもご覧ください。ちなみに私は、Yahoo!ニュースのオーサーでもあります。★1

■イスラエルとヨルダンの協力合意

今回の合意により、イスラエルはヨルダンに水を輸出することになり、そのために新たに海水を淡水にするプラントの建設の検討を始めることとなります。そしてヨルダンはイスラエルへ電力を輸出することを念頭に太陽光発電施設の建設の検討を始めます。またイスラエルは太陽光発電によって得られた電気の蓄電技術の実証実験を始めます。

「西アジアといえば原油」というイメージがありますが、原油は褶曲構造をもつ地層に集中していることもあり、実際にプレートの狭まる境界であるペルシア湾周辺に集中しています。ヨルダンとイスラエルは、ペルシア湾周辺ではなく地中海沿岸に位置する国であるため両国ともに原油の埋蔵には恵まれていません。

実際にヨルダンの輸入統計をみると、品目別では「機械類」「自動車」「石油製品」

「液化天然ガス」「原油」となっており、エネルギー資源は輸入でまかなっていることがわかります。相手国としては「サウジアラビア」「中国」「アメリカ合衆国」「ドイツ」「アラブ首長国連邦」が上位であることから、近隣の産油国から「原油」「液化天然ガス」を輸入していることがわかります。

ヨルダンの首都アンマンは年降水量が270㎜程度と極端に少ないため、水資源の確保は困難です。しかしその分、雲がほとんど出ない、つまり太陽光には恵まれるため、ヨルダンの2019年の太陽光発電は国全体の10・71％を占めています。

一方のイスラエルも国土の大部分が乾燥気候を示しており、水資源に恵まれない国です。そこでイスラエルでは、「点滴灌漑」を開発しました。点滴灌漑とはチューブを通して効率的に水を農作物に供給するシステムのことです。チューブの穴から水を出し、点滴のようにポタポタと農作物に対して水を供給していきます。潤沢な水資源に恵まれないからこそ、いかにして有効活用するかを徹底的に考えて開発されたシステムです。

点滴灌漑を開発したのは、シハム・ブラスという人物です。彼の協力のもと、ネタフィム社が設立され事業化しました。これによってイスラエル全土での農業が可能となり、農耕地面積は建国当時より3・5倍に広がりました。およそ70％で点滴灌漑が行われているそうです。困難な状況を技術開発によって克服したわけですが、やはり「歴史的四面楚歌」の環境がユダヤ人を突き動かしたといえるのではないでしょうか。

■淡水化水

人口が増加することで高まる需要は、やはり水と食料、そしてエネルギーです。特に食料とエネルギーの需要増大は過度な農耕、放牧、森林伐採などにつながり、環境破壊を引き起こします。**昨今叫ばれている環境破壊の大本は、結局は「人口増加」というわけです。**

もちろん水の需要も増大するわけで、これが水資源の枯渇の危機を顕在化させていきます。経済的に利用可能な水のことを包蔵水力といい、当然ですが国土面積が大きい国で大きくなる傾向があります。ロシア、カナダ、アメリカ合衆国、中国、ブラジルだけで、世界の包蔵水力の約半分を占めており、包蔵水力の上位10カ国で世界の3分の2を占めるとされています。つまり、水資源は世界的に一様に手に入るものではなく、かなり偏在性の高い資源であることがわかります。そこで、近年では水資源に恵まれない地域では、海水を淡水化することで解決しようという取り組みが進められています。

20世紀以降、人口増加を上回るペースで水需要量が増加しました。これは生活用水や農業用水だけでなく、工業用水の需要が高まったことが背景として考えられます。例えば日本では１９６５年から２０００年にかけて生活用水の使用量がおよそ2倍になりました。これは水洗トイレ、各家庭に風呂が設置されるなどの様々な要因が考えられます。つまり生活が豊かになればなるほど大量の水を使って生活するようになるわけです。

次頁の図は、淡水化施設の設備容量（万㎥／d）の２０１５年予測を表したものです。表中のア～エは、アジア地域、地中海沿岸地域、中東湾岸地域、南北アメリカ地域のいずれかを表したものです。さて、ア～エはそれぞれどの地域が該当するでしょうか？

エは設備容量が小さいこともあり、包蔵水力に恵まれる地域であると考えられますので、モンスーンの影響で多雨気候を示すアジア地域と考えられるでしょう。イとウの判定は難しいですが、アが中東湾岸地域であることは間違いありません。ちなみに、イが地中海沿岸地域、ウが南北アメリカ地域です。

西アジアからアフリカ北部にかけては乾燥気候が広がっており、慢性的な水不足と

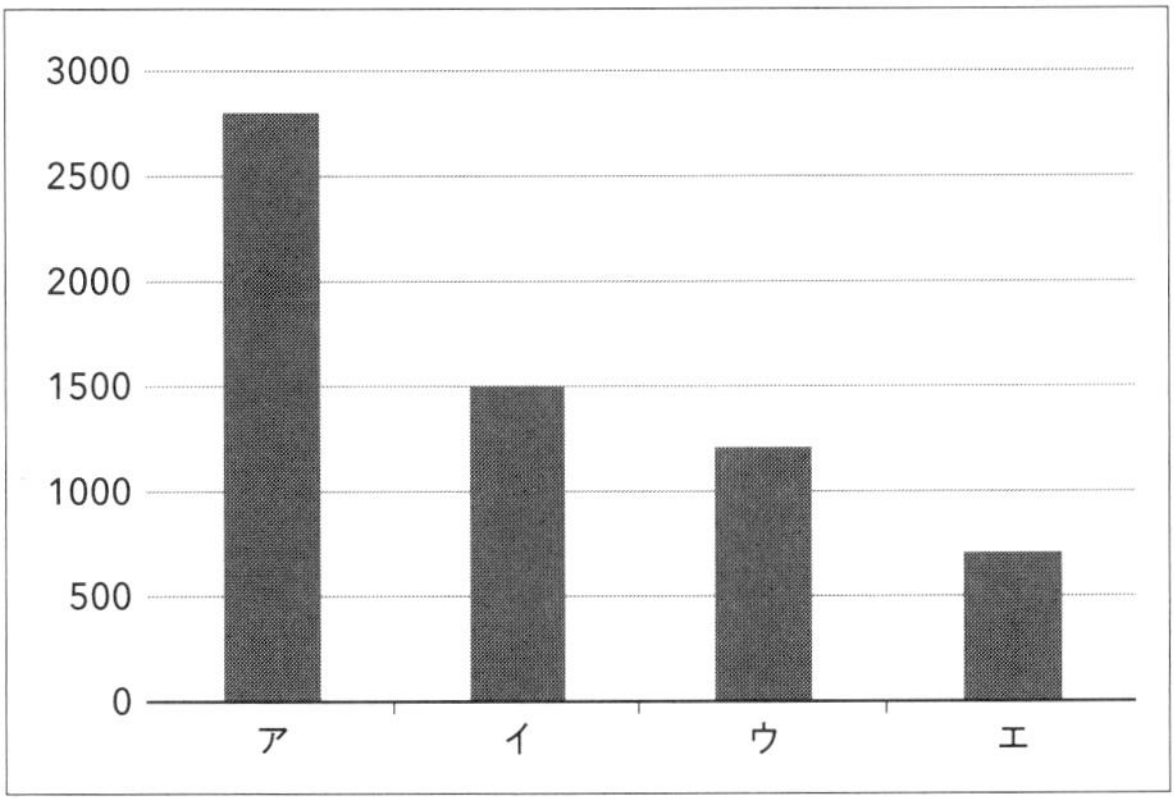

▶淡水化施設の設備容量（出典：Global Water Intelligence）

なっています。そのため淡水化水の利用拡大は急務といえます。水不足は同時に農業用水不足を意味しますので、食料不足を引き起こすこととなります。つまり、食料不足の解決は水不足の解決が必要不可欠といえます。

またこれらの地域はイスラームを信仰する人々が多く、各宗派の信者数のバランスを保とうと競って出産する傾向にあるため、多くの国で出生率が高い傾向にあります。つまり少数派であるシーア派がたくさん子供をもうけて信者数を増やせば、スンナ派が少数派になってしまうためスンナ派も負けずに子供をもうけるわけです。

しかし、水はそもそも重量が大きいため、

水不足だからといってそこに水を輸送することは経済的に困難です。重たい物を運べば、その分お金がかかります。また水は、生活必需品を通り越して生命維持に必要な最たるものであるため、水の輸送元と輸送先の間に主従関係が構築される恐れがあります。こうした要因から、水輸送はこれまであまり行われてこなかったといえます。

特にイスラエルは「歴史的四面楚歌」の状態にあることから、周辺諸国からの水の供給は困難であり、自ら水を供給するシステムを作り出す必要がありました。そこで考えられたのが海水の淡水化といえます。点滴灌漑もその一環といえるでしょう。

イスラエルからヨルダンへ水が輸送される背景を簡単にまとめてみます。

1. イスラエルは「歴史的四面楚歌」を背景に、周辺諸国からの水供給は期待できなかったため、淡水化水の生産を進めて水資源の確保に力を注いだ
2. イスラエルとヨルダンは1994年に平和条約を結んでいる
3. ヨルダンは年降水量が少なく水資源に恵まれない国

まさに需要と供給が一致した関係といえます。そしてこうした国際分業体制が深化すればするほど、協力関係が構築され、争いが減っていくことが期待されます。不足

分は補完する、こういう考えで相互扶助が進めば、この世から戦争がなく……、いやそれでもなくならないのが人間同士の争いというものです。

しかし、こういった取り組みは続けていかねばなりません。結局は経済が死ぬと、人が死ぬことになりますから。

★1 イスラエルとUAEの国交正常化が「歴史的合意」である理由とは!? 対イラン包囲網の強化と中東戦争
https://news.yahoo.co.jp/byline/miyajisyusaku/20200814-00193260

おわりに

まずは、本書を最後までお読みいただき、大変感謝いたします。ありがとうございました。

本書は、私が毎週発行していますメルマガ、「やっぱり地理が好き～現代世界を地理学的視点で探求するメルマガ～」から原稿を抜粋して、加筆・修正を加えてまとめ上げたものです。メルマガは、毎週日曜日21時の発行を目指して、2021年1月から開始し現在に至ります。発行元でありますfoomiiの御社長自ら、「メルマガ、発行しない？」とお声がけいただいたのが、2020年9月のことでした。

メルマガという媒体は、「教養」というジャンルとの親和性は必ずしも高くなく、やはり、「金・健康・恋愛」といったものに耳目が集まりやすい現実があります。ビジネスパーソンが自身のスキルアップ、キャリアアップを目指して購読する傾向が強いといえます。そのため、「私が発行して誰が読んでくださるのだろうか？」といった不安がありました。

2017年に発行した拙著、『経済は地理から学べ！』（ダイヤモンド社）が発行部数

6万5000部を数え、ありがたいことにそれをきっかけとして多くの出版社からお声がけを頂きました。そしてこの本をきっかけに「日本地理学会賞（社会貢献部門）」を頂くまでにいたりました。

歴史的視点を加えたニュース解説は世の中にあふれていますが、地理的視点を加えた論説はあまり多くありません。いや、存在しているのでしょうけど、「地理学って結局何を学ぶ学問なの？」といった認識が多いこともあって、地理的視点が加わったかどうかも理解できていないのではないかと思います。「時代考証」はあっても「地理考証」というものは聞いたことがありません。

そこで、普段は代々木ゼミナールで大学受験生に地理を教える講師であり、また「コラムニスト」と名乗って、地理に関するコラムを新聞や雑誌に寄稿してきた身からすると、私が発行することに意味があるという想いにいたりました。「地理の先生が執筆しているんだから、きっと地理の話だろう？」と思ってくださった方が読んでくだされば、「地理ってこういうことも学ぶんだね！」「地理を学べば、こういう見方を得ることができるのか！」といった読後感を与えることができると思ったわけです。

こうしてメルマガを発行するに至りました。しかし、メルマガの読者は一向に増えません。内容の面白さは自画自賛していますが、やはり「地理に関するメルマガ」では、一体何が書かれてあるのか、どんな学びが得られるのか、想像すらしていただけないのではないかと悲観しております。

本書は改めて書き下ろしたものではなく、これまで書きためたものをまとめることでできあがったものです。やっぱり日々の積み重ねって強いなと思います。原稿をゼロから書いていく労力はなかなかにして大変です。しかし、毎週少しずつでも書きためていけば、時間とともに膨大な量になっていきます。そしてそれが一冊の書籍になるわけです。

私は大学で地理学を修めた、地理学プロパーです。だからこそ、地理が面白いことは理解しています。しかし、大学受験生だけを相手に「地理って面白いぜ!」と内向きになっても、世間のみなさまの地理学、そして地理教育に対する蒙を啓くきっかけを与えることはできないとも考えています。だからこそ、本書のような企画を通じて、「地理って面白いぜ!」と外に発信していきたいと思っています。

そのためにも、今後も地理的要素たっぷりのメルマガを発行していくつもりです。だって、地理学視点で世界を探求することって本当に面白いのですから。

多くの方々に本書が届けば、第二弾、第三弾もあるかもしれませんね。そうなることを期待しています。そして、「書籍が出るまで待てない！　毎週読みたい！」と思ってくださった方がいらっしゃれば、ぜひともメルマガのご購読をお願いします！

こんなに面白いメルマガなのに購読者数が少ないんです……。よろしくお願いします！　左のQRコードからアクセスしてください！

それでは、またお目にかかれるのを楽しみにしています。

ありがとうございました。

代々木ゼミナール地理講師＆コラムニスト

宮路秀作

ニュースがわかる！　世界《せかい》が見《み》える！
おもしろすぎる地理《ちり》

著者　宮路《みやじ》秀作《しゅうさく》

二〇二二年一〇月一五日第一刷発行

発行者　佐藤靖
発行所　大和《だいわ》書房
東京都文京区関口一-三三-四　〒一一二-〇〇一四
電話　〇三-三二〇三-四五一一
フォーマットデザイン　鈴木成一デザイン室
本文デザイン・イラスト　福田和雄(FUKUDA DESIGN)
本文印刷　厚徳社　カバー印刷　山一印刷
製本　ナショナル製本
ISBN978-4-479-32031-9
乱丁本・落丁本はお取り替えいたします。
https://www.daiwashobo.co.jp

本作品は当文庫のための書き下ろしです。

だいわ文庫

宮路秀作（みやじ・しゅうさく）

代々木ゼミナール地理講師&コラムニスト。現代世界の「なぜ？」を解き明かす授業が好評で、代々木ゼミナールで開講されるすべての地理の講座を担当し、全国の校舎、サテライン予備校に配信されている。主著『経済は地理から学べ！』（ダイヤモンド社）は大ベストセラーとなり、海外でも翻訳された。地理学の普及・啓発活動に貢献したと評価され、２０１７年度日本地理学会賞（社会貢献部門）を受賞。コラムニストとして、新聞や雑誌、Ｗｅｂメディアなどでコラムの連載や「foomii」にてメルマガを発行、さらにYahoo!ニュース個人のオーサーとして活動している。YouTubeチャンネル「みやじまんちゃんねる」でも、地理学のおもしろさ、地理教育の重要性を発信中。

みやじまん.com（公式ウェブサイト）
https://miyajiman.com/
Twitter　@miyajiman0621
みやじまんちゃんねる（YouTube）
https://www.youtube.com/c/miyajiman_channel